牛津非常短講 002

# 社會主義

# Socialism

A Very Short Introduction

麥可・紐曼——著
Michael Newman
梁文傑——譯

# 目次

＊編輯說明：本書所附隨頁註，除標示〔譯註〕外，餘為編註。

# 導言

一八六七年，馬克思以勝利的口吻結束其不朽巨著《資本論》的第一卷。他認為，資本主義制度發展到某個點就會「炸毀」，而到了這個階段：

> 資本主義私有制的喪鐘就要響了。剝奪者就要被剝奪了。

一百多年來，許多社會主義者都相信——而反對者則害怕——馬克思是正確的：資本主義注定被社會主義取代。然而情況卻非如此！現在，許多人相信資本主義已經勝利，社會主義是歷史陳跡，可能在本世紀就會消失。我不贊同這種看法，在最後一章我將試圖證明社會主義的持續及對當下的重要性。但不論讀者是否贊同這個結論，我希望這本書至少有釐清和討論的作用，以做為判斷的基礎。

首要而關鍵的問題是：什麼是社會主義？攻擊和擁護社會主義的人都把其意義當成是不證自明的。反對所有形式社會主義的人為了要摒棄整個社會主義的理念，喜歡把它等同於最令人厭惡的形式——尤其是蘇聯在一九三〇年代末到一九五三年的史達林主義獨裁政權。同樣地，社會主義的擁護者則傾向於把社會主義界定為他們自己偏好的形式。列寧曾把社會主義定義為「蘇維埃的權力加上電氣化」，英國政治家赫伯特．莫里森[1]則說，社會主義就是「工黨政府在做的事」。然而社會主義實在有太多形式，絕不限於這幾種。事實上，社會主義有中央集權的也有地方分權的；有由上而下的也有由下而上的；有空想的也有務實的；有革命性的也有改革性的；有反對國家的也有國家主義的；有主張國際主義的也有主張民族主義的；有依託於政黨的也有和政黨保持距離的；有從工會發展出來的也有和工會沒關係的；有富裕工業國家的也有貧窮農業社會的；有性別歧視的也有女性主義的；有致力於發展的也有力主環保的。

本書既要避免把社會主義定義得過於狹窄和過於獨斷，也不能定義得過寬鬆以致於無法有意義的加以分析。所以本書將遵循下列對社會主義最低限度的定義。

在我看來，社會主義最根本的特點是要建立一個平等主義的社會。對於不平等可以被消弭到什麼程度，以及用什麼手段才能造成改變，社會主義者可能有不同的看法，但沒有一個社會主義者會去維護當前財富和權力上的不平等。尤其是，社會主義者認為在資本主義中，社會的一端因為繼承來的資本與財富而有大量的特權和機會，而另一端則因為被循環剝奪而限制了機會和影響力。所有社會主義者都在不同程度上挑戰做為資本主義基礎的財產關係，希望建立

1 赫伯特・莫里森（Herbert Morrison, 1888-1965）是英國工黨政治家，在內閣中擔任過各種高級職務。他於一九二九－一九三一年工黨政府中擔任交通運輸部長，一九三一年失去議會席位後，在一九三〇年代成為倫敦工黨的領導人。一九三五年重返下議院，在當年的工黨領袖選舉中被Clement Richard Attlee擊敗，但後來在戰時聯合政府中擔任內政大臣。

人人都有機會自我實現、不被結構性不平等所阻礙的社會。

與此密切相關的第二個共同特點是，社會主義相信**有可能**建立以團結合作為價值的平等體制。但這又有賴於第三個特點，也就是對人類能夠互相合作的樂觀主義。樂觀的程度及其對建構新社會的必要性如何，社會主義者各有不同。相信人類有可能建立無需社會階層或法律的自我管理社群，執此信念的人對「人性」必須非常樂觀。而對於比較傾向科層化政黨和國家的人來說，其樂觀程度就有限。毫無疑問的是，在歷經納粹主義和史達林主義之後，一些早期思想家的樂觀主義已被殘酷的現實所動搖。然而，社會主義者永遠都不相信：個人自利和競爭是人類行為的**唯一**驅動因素。他們認為這種觀點乃是特定社會的**產物**，而不是人類根深柢固的**事實**。

最後，大多數社會主義者都相信，透過自覺的人類行動可能對世界做出重大改變。某些馬克思主義理論家非常強調經濟決定論，幾乎不相信人類在改變上能扮演任何角色。但一般而言，社會主義者都不會坐視現狀不管。在這方面，他們和資本主義者與自由主義者相同，儘管在其他方面是對立的。因為資本主義、自由主義和社會主義都是現代的產物，他們認為人類是歷史行動的主體，而非被宿命、習慣、傳統或宗教決定其命運。

這些共同特點使社會主義有別於其他教條、意識形態和制度，但社會主義還是非常多樣化。從其演進和發展來說，這並不令人意外。如果說現代社會主義誕生於十九世紀的歐洲，隨後又受到不同社會的影響和調整。例如，一九一七年俄國革命後出現的共產主義（見第一章），吸引了許多尚被歐洲帝國控治的開發中國家。然而，共產主義又根據各地方的狀況因地制宜，並且和民族獨立運動相結合。早在中國共產黨於一九四九年上台之前，中共新領袖毛澤東（一八九三—一九七六）就比蘇聯同志更強調農民的角色，直到六〇年代，兩大共產強權發生嚴重衝突為止。同時，北韓與越南的共產政權則被內戰的特殊環境、追求民族解放和美國介入等因素所影響。其他地方也出現相當不同形態的社會主義。例如，早在一九四八年以色列建國之前，巴勒斯坦的猶太屯墾者就試圖建立小型的合作公社，此即基布茲[2]運動。後來被以色列的存在和西方的宰制所激發，一九五〇年代從埃及開始，許多阿拉伯國家採取一種世俗社會主義、現代獨裁政權與民族主義的混合政體。在後殖民的非洲，尤其是一九五七年的迦納和一九六〇年代的坦尚尼亞，又有多種企圖把社會主義元素與當地傳統相結合的嘗試。同樣地，拉丁美洲也出現多種類型的實驗，但都以失敗收場，最重要的原因是美國對該地區的壓倒性掌控。一九五九年之後的古巴是能長期堅持的例外，第二章會特別談到，而第四章還會談到近年來一些社會主義的有趣嘗試，特別是玻利維亞。

理想上，一本關於這個主題的書應該論及全世界，但以這本小書來說顯然是不可能的。很多重要議題——尤其是種族、民族主義、認同和全球不平等——都無法處理到。然而，我盡量試著較深入的處理社會主義的一些面向，不只是一般性的考察，也採取個案研究的方式。我希望這本書能激發對社會主義理論與實踐的進一步探討。

2 基布茲（Kibbutz）：基布茲原意為「聚集」，最初是猶太屯墾者在社會主義理想薰陶下創立的集體社區，嘗試一種另類的社會生活——成員完全平等，沒有私有財產，各盡所能，各取所需，並透過直接民主方式參與社區管理。從一九一〇年第一個基布茲成立，迄今仍有約二百七十個基布茲在運作。

# 第一章 社會主義的流派

有些人把社會主義學說上溯到柏拉圖，有些人則追溯到基督教，還有許多比較合理的回推到十七世紀英國內戰[1]時的激進派運動。然而，現代社會主義那些變與不變的理念和運動，在十九世紀初的歐洲才真正出現。社會主義生成的原因久有爭論，但大家普遍同意，經濟與社會的快速變遷，以及隨之而來的都市化與工業化，是尤為重要的原因。這些過程不僅傷害了農村經濟，也造成傳統秩序所依託的規範和價值崩解。當時的自由主義者樂見這些轉變，認為資

1 英國內戰，指一六四二年至一六五一年發生於英格蘭的議會派與保皇派之間的鬥爭，因課稅問題以及清教徒遭打壓，引爆查理一世的支持者與議會派支持者的衝突，最後以克倫威爾（Oliver Cromwell）為首的議會派勝出。

本主義企業和新的個人主義是進步與自由的具體展現。然而，社會主義者從兩個方面反對自由主義者的觀點。

首先，他們重視的不是個人，而是社群、合作和團結——社會主義者認為當時的發展已危害到這些特質。其次，對資本主義企業帶來的所謂進步，他們並非額手稱慶，而是關心農民和工匠被驅趕到過度擁擠的城鎮，被迫在新式工廠賺取微薄工資所導致的高度不平等。正是在這個脈絡下，《倫敦互助者雜誌》在一八二七年使用了「社會主義者」這個詞，它表明最重大的問題乃是：資本到底是由個人還是由集體擁有才更為有益。相信後者的人即為「共產主義者和社會主義者」。本章即要探討當時所出現的幾個流派。

## 烏托邦主義

卡爾．馬克思和弗列得里希．恩格斯把一些早期的社會主義者貼上「烏托邦主義者」的標籤。這是對他們的負面評價，意指他們太過天真，其理念經不起嚴格的社會、經濟和政治分析。更廣泛的說，「烏托邦主義」一詞是用來貶抑不切實際或妄想的方案。但我的看法是，包括社會主義在內的烏托邦主義是社會改造綱領的必要元素，今日的烏托邦經常會成為明日的現實。

烏托邦主義者的社會改造計畫中，最明顯的共通點是他們都相信，藉由群體生活和工作，就可以建立和諧、團結和合作的社會。當時在歐洲和美洲都建立了這類社群，雖然取得不同程度的成功，但烏托邦主義者最大的整體貢獻是為新社會勾勒出方案並真的付諸實踐。烏托邦主義者的理想和承載這些理想的社群是後世各類型社會主義的先聲。然而，當時最有影響力的人，其理念未必最歷久不衰。以當時的支持度而言，埃蒂耶納．卡貝可能是最受歡迎的，但他的烏托邦理念現在看來卻顯得貧乏。

卡貝（一七八八—一八五六）出生於法國第戎，在當過律師後成為工人權利的倡導者。他在一八三四年因為寫了反對王室的文章被起訴，流放到英格蘭五年。他在那裡讀到湯瑪斯．摩爾的《烏托邦》（一五一六）而受啟發，自己也寫了一本烏托邦小說《伊加利亞旅行記》（一八三九）。書中的伊加利亞人組成了「立基最完美平等的社會」，他們生活的所有方面都是平等的，包括衣著。雖然其管制和整齊劃一的程度現在看來令人反感，但卡貝的伊加利亞有高度民主的群眾參與，在法國工人赤貧窮困的時代，它為更美好的未來提供了希望。在這部小說刺激之下，法國各地都出現伊加利亞公社，追隨者有十萬到二十萬人。這也是所有烏托邦社會主義運動中最屬於工人階級的運動，相當程度吸引了害怕現代工廠會危及其地位的底層工匠。有一群伊加利亞人士於一八四八年乘船到美洲，其中一個社群持續存在到十九世紀末。然而，儘管卡貝對當時有很大的影響，影響後世更長遠的則是亨利·德·聖西門、夏爾·傅立葉和勞勃·歐文。

聖西門（一七六〇—一八二五）是法國貴族，從學生時代就開始對抗社會階級的常規。十三歲時因拒絕接受聖餐禮而被關在聖拉扎爾[2]，他逃出後從軍，在美國獨立戰爭中與英軍作戰。受到美洲相對沒有社會階級的影響，他在法國革命爆發初始就宣布放棄貴族頭銜，並相信科學是進步的關鍵。在《一個日內瓦居民給當代人的信》（一八〇二—〇三）中，他希望能建立一個以客觀原理為基礎的社會。他對既存社會的批判集中在法國社會持續的半封建權力關係，而不是資本主義本身，但他認為階級是主要的分析範疇，並堅信科學地理解歷史發展是可能的，這對馬克思理論有明顯的影響。然而和馬克思不同的是，他不認為所有權是最重要的問題。在他看來，歷史就是各種生產和不事生產的階級在不同時期的興衰起落。

他把當時社會上絕大多數人列為「有生產力的」，把少數「遊手好閒者」（包括貴族和教士）列為「不事生產的」。進步就仰仗那些「在人類心靈進步旗幟下前進」的人——尤其是在工業和科學領域——能否意識到自己的使命，以促成邁向新時代的轉變。然而，這不只是一個階級取代另一個階級，因為聖西門認為工業家和科學家之間的關係和封建階級之間的關係完全不同。後者的關係是建立在權力地位之上，而工業／科學階級的關係則強調合作與和平競爭。因此，封建階級維護其地位乃是經濟發展和新政府形式的障礙。

2 聖拉扎爾（Saint-Lazare）位於巴黎西北的第八區。

在他的時代，聖西門的理念在中間階級比較受歡迎，這些人被其理論中強調現代化的面向所吸引，而工人階級則因當時尚屬宗教時代，對其世俗論點有些望之卻步。他後來的著作更強化了這一點，他提出一種「牛頓宗教」，奉牛頓為現代科學的創立者。這種新教會由科學家和藝術家來領導，結合了世俗道德和改革過的基督教義，其主要目標是根除貧窮，確保所有人都受益於教育和工作。這就擴大了其理念的吸引力，在他死後，聖西門公社在法國和其他各地紛紛成立。雖然一八三〇年在法國被禁，但影響力持續到一八四八年，約有四萬名追隨者。聖西門強調工業化和行政效率是進步和社會正義的關鍵，影響了其他國家許多人士的思想，尤其是俄羅斯的激進派。

夏爾·傅立葉（一七七二—一八三七）也視自己為唯實論者，相信自己已發現創造新社會的根本規律。他是出生於法國貝桑松的布商之子，住在簡陋的寄宿公寓，可能一生都沒有性經驗。但他理想中的烏托邦——稱為「和諧體」——卻聚焦在情感、欲望與性，比起當時新興的工人級階級，其理念與一九六〇年代運動的共鳴可能更大。

他認為最嚴重的問題乃是人的欲望和社會運作的方式無法相適應，要消弭這種衝突，就要建立所謂的法郎吉（phalanxes），也就是公社。在計算過他所認為人類具有的性格總數後，他認為每個法朗吉的最適規模是一千六百餘人[3]，這就能讓所有欲望都能獲得滿足，所有必要的工作都有人來做。

傅立葉不認為人類有需要改變：問題在於現存社會造成的壓抑，這才是人類痛苦的主要原因。他也譴責對女性的壓迫，相信這揭露了社會體制運作不良。他並不強調社會和經濟的不平等是衝突的根本原因，而是假定只要每個人都有最低基本所需就可以克服衝突，這也符合私有財產制度。由於他對階級和不平等的議題興趣缺缺，就注定使傅立葉主義成為早期社會主義運動中受歡迎程度最低的一種，他的追隨者中也很少有工廠工人。但他認為人類不幸福是因

3〔譯註〕傅立葉認為人類可能的性格總數為八百一十種，因此，在法郎吉中，要讓這八百一十種性格的個人都能找到他愛好的工作，每個工作還都要設置副職，因此乘以二，得出一個法郎吉的正常規模為一千六百二十人，由於存在各種增減的可能性，傅立葉最終確定一個法郎吉的人口在一千六百到二千人之間浮動。

為心理問題和性問題所造成的，而救治之道在於改變社會而非治療個人，這顯然是後世多種社會主義類型的先聲。

如同傅立葉，勞勃．歐文（一七七一—一八五八）也相信人類痛苦和社會疾病的來源是社會而非個人。和傅立葉不同的是，歐文認為人類可以也應該改變。他是威爾斯馬鞍匠和鐵匠之子，很早就嶄露做生意的天分，在棉花產業上大有成就。一七九九年，他在蘇格蘭的新拉納克買下一些磨坊，把理念付諸實踐。

聖西門對既存社會的批判是以階級分析為基礎，傅立葉是立基於欲望被壓抑，歐文則是從譴責非理性主義出發。他終身堅信環境決定論，意即，人的性格不是自己決定的，而是由其生活的環境所塑造。在他看來，影響當時社會的支配力量是宗教教條和不受限制的自由市場資本主義。他認為人之所以會迷信和自私，是因為整個環境都鼓勵這種行為。

歐文在《新社會觀》（一八一三—一六）一書中宣稱，當他初到新拉納克時，那裡的人：

有的盡是惡習，毫無任何社群美德。他們的貿易就是偷竊與收取賄物；他們的習慣就是遊手好閒和爛醉如泥；他們的特色就是造假和詐欺……他們只有在瘋狂全面地對抗雇主時才會團結在一起。

他發明很多新方法來養育兒童、對付犯罪、設置建築物與遊樂設施、處理兩性關係、以及安排工作。他宣稱這些改變都是基於理性和合作的原理，將導致行為的轉變。

十六年後，這個圍繞著磨坊的村莊（約有兩千個居民），在性質上有了徹底的變化，他自信他的原理可以適用於範圍更大的社群，因為：

只要採取適當的手段，人可以逐漸被訓練能生活在世卜任何地方，無需財產，沒有犯罪，沒有懲罰；凡此種種皆出於對人性嚴重無知的各種訓練和統治制度的錯誤。

從這個角度看來，這時的歐文算是富有啟蒙精神的企業家，讓工人創造更大的生產力以增加他的利潤。當然，他的方法是非常父權甚至是高高在上的，因為他談的是如何引導「下等階層」做出良善的行為。但儘管他試圖說服其他雇主、教會和政府採納他的原理，他們的反應卻深具敵意。他們害怕人類可臻至善的理念會傷害基督教對原罪的信仰，而他強調雇主對工人有社會責任也和當時的資本主義南轅北轍。

由於無法獲得支持，他的思想變得更激進，開始攻擊私有財產和利潤的制度。他呼籲要設立新的合作公社，人口在五百到一千五百人之間，且結合工業生產和農業生產。他還相信可以廢棄貨幣，改行代表勞動時間並可用來交換物品的「工分制」[4]。他試圖將理念擴展到英國海外，在一八一八年巡遊歐陸，也到了美洲，一八二五年在印第安那的新哈莫尼建立了幾個公社。

與此同時，鼓吹其思想的倫敦互助社在一八二〇年代成立，全英各地也成立許多採取以物易物制度的「交換所」。這些雖然都沒有重大成功，但當他於一八二九年自美國返回英國時，已獲得許多工人階級的支持，尤其是他加入了工會主義運動[5]。然而，在一八三四年脫離運動、不支持工人階級的政治訴求之後，他的影響力便江山日下。

但他對制度、經濟體制和英國當時價值觀的批判仍舊有廣大影響，他認為這些東西只會促進惡性的個人自利而非理性的合作。但他認為主要原因是出於無知，而非惡意或階級利益，而且他批評工人的程度不亞於批評菁英。這就降低了他的吸引力，因為許多人認為唯有透過壓力和衝突才能帶來改變。然而，歐文強調後天培育重於先天天性，這一點對許多社會主義思想的影響非常大。

聖西門、歐文和傅立葉都對既存社會提出片面的批判，其他早期社會主義

4〔譯註〕蘇聯的集體農場和中國的人民公社曾採用這種分配制度。工分依農民的工作時間來計算，單位的生產收穫所得依工分分配給農民。

5 一八三二年，七個建築行業的聯盟成立了Operative Builders' Union，次年，建築商工會召集成員罷工。在曼徹斯特，罷工持續了十六週。一八三三年九月，歐文在一年一度的建築商會議上概述工人接管的計畫，另成立Grand National Guild of Builders，結果兩個工會皆告失敗。歐文認為工人階級的無能是缺乏協調的結果，再次努力建立大工會，一九三四年二月，大全國聯合工會成立，將廣泛不同的工業活動置於一個大聯盟之下，目的是結束資木主義制度。

者也是如此。但合在一起看，聖西門以階級為範疇分析歷史演進，歐文強調環境決定論，傅立葉點出各種社會壓迫形式的重要性，這些都成為後世社會主義分析的重要元素。烏托邦社會主義者也認識到，現存社會中各方面的問題是互相連繫的。這就表示他們不會滿足於片面的緩解措施：一定要改造，而不是漸進的社會改革。

雖然烏托邦社會主義者的公社幾乎都沒有活過十九世紀中葉，但它們在提出和鼓吹未來互助社會的理念上極其重要，在其中，平民百姓可以扮演主要角色。在平等主義的脈絡下，烏托邦主義者注重合作、團結與和諧等價值，對社會主義有卓著貢獻。以歐文和傅立葉來說，他們都強調性別平等，而烏托邦主義者所創立的小型公社與後世的生態思潮也有相通之處。它們是一股另類傳統的先聲，後來更重現於巴勒斯坦／以色列的基布茲、一九六〇和七〇年代的公社及綠色運動。

## 無政府主義

無政府主義的範圍非常廣，也不是所有的無政府主義者都是社會主義者。在這裡我只把焦點放在與普魯東（一八〇九—六五）和巴枯寧（一八一四—七六）有關的無政府主義流派。除了更充實烏托邦主義者對分權式社群的看法，這個流派對社會主義的主要貢獻在於其堅定反對國家，以及堅信任何革命運動都應該預想好要建立什麼樣的社會。

和傅立葉一樣，普魯東也生於法國東部的貝桑松，他的世界觀基本上是農民的世界觀。然而，他的基本價值和傅立葉完全相反；他歧視女性、反同性戀、極端清教徒主義的。他的理想社會是讓獨立自足的小農在簡單的生活條件中可以學習和生活。但在社會上和政治上，他比大多數烏托邦社會主義者更激進。其名言「什麼是財產？財產就是竊盜」首次出現在《何謂財產？》（一八四〇）一書中，此乃十九世紀最出名的革命口號之一。他是這麼寫到政府：

無拘束的聯合，自由，僅限於維持生產工具的平等和交換的等值性，是唯一可能的、唯一合乎正義的和唯一真實的社會形式。政治學是自由的科學；無論它用什麼名目偽裝起來，人統治人的制度是壓迫：社會的最高度完善存在於秩序和無政府狀態的結合中。

他後來的著作比較複雜，但他一直堅信應該以勞動為社會組織的基礎，並反對所有形式的政府。他在《貧困的哲學》（一八四六）中說，如果人們只為自己和家人勞動，那就不會有剝削，因為沒有多餘的生產給雇主，雇主就無用武之地。要回復到健康的經濟關係，第一步就是要廢除既有的信用和交換制度。正被機器和資本主義系統剝削傷害的勞動尊嚴也得以恢復。普魯東也認為中央集權的國家和經濟體制密不可分，政府只會和資本家聯手對付平民百姓。

到了晚年，他思考用某種聯邦形式把各個社群聯繫起來。這種想法是為了繞過國家，創立新結構來執行所有必要的社會功能，如此國家就變得多餘。當時，普魯東的無政府主義在法國工人階級中已成為很強大的政治力量，其學說也躋身歐洲社會主義和激進主義的主流。然而，真正挑戰到馬克思主義在工人運動主導地位的乃是巴枯寧。

巴枯寧出生於距離莫斯科一百五十英哩的保守貴族家庭，但他一直是叛逆分子。他於一八四〇年代在巴黎結識普魯東、馬克思和其他激進知識分子，研讀和討論當時的社會主義及革命派著作。然而，也許是他對行動的興趣高於思考，他參與了一八四八年的歐洲革命，並因此贏得國際聲望。巴枯寧有時主張為了恐怖而恐怖，對後世無政府主義與暴力的關係當然有責任，但他的理念也有其重要性。在當時，馬克思和恩格斯已出版了《共產黨宣言》（一八四八），正在努力影響歐洲工人階級。巴枯寧與馬克思主義者在一八六〇和一八七〇年代初期的衝突，突顯出其思想的一些重要特點。

下一節將討論馬克思和恩格斯的貢獻，但這裡可以先談巴枯寧和他們的主要分歧。第一個分歧是，馬克思和恩格斯強調最先進資本主義社會中的產業工人才是革命階級。相反的，巴枯寧相信最受壓迫的人才是最有革命潛力的人，所以革命最有可能發生在經濟發展程度最低的國家。在他看來，最有潛力的乃是俄羅斯農民，其農村公社的傳統組織形式為社會主義提供了基礎。同樣的，他於一八六四年到六七年在義大利待了三年，他看出當地的革命潛能，因為那裡的工人更沒地位、比其他地方的工人更不「布爾喬亞」。這樣的人，「精疲力竭……每日操勞……無知而悲慘」，但他們是「不自覺的社會主義者」，「比所有布爾喬亞和科學社會主義者加起來還更社會主義」。

巴枯寧和馬克思的另一個主要分歧是革命前後的組織問題。一八六四年，馬克思草擬第一社會主義國際——國際工人協會——的成立宣言。

巴枯寧也加入第一國際，但在其中成立次團體，鼓動成員的革命熱情。他反對馬克思要建立（共產主義）政黨為社會主義贏得支持的想法，在一八六八年宣布他憎恨共產主義：

因為它否認自由，而我不能想像在沒有自由的情況下還會有任何屬於人類的東西。我不是共產主義者，因為共產主義把社會的一切力量集中在國家手中，因為共產主義將不可避免地使財產集中在國家手裡，而我則希望廢除國家……，在讓人道德和文明的藉口下，〔共產主義〕迄今為止都在對人進行奴役、壓迫、剝削和使人墮落。

巴枯寧要的是組織鬆散的祕密會社，而不是群眾式政黨。

巴枯寧和馬克思的衝突在一八七一年巴黎公社[6]被殘酷鎮壓後達到最高點。在巴黎公社中，工人直接掌控市政，結合了立法權和行政權，通過一系列激進措施。

巴枯寧將這一切視為其理念的展現，視其為公社主義運動的開端，而此運

6 巴黎公社（Paris Commune）：一八七〇年由拿破崙三世挑起的普法戰爭，法國慘敗後第二帝國崩潰，九月巴黎爆發革命，成立第三共和國。一八七一年德意志帝國持續圍攻巴黎，國民議會於二月當選，保皇黨占多數，與德國締結和平，共和派巴黎人擔心國民議會恢復君主制，於三月十八日起而反對法國政府。三月二十六日，由中央衛隊組織的市政選舉，革命黨人獲勝，組成公社政府。雖然新政府內部存在分歧，但採取若干社會政策。隨後在里昂、馬賽等地出現的公社遭迅速鎮壓，五月二十一日，政府軍進入巴黎血腥鎮壓，死傷慘重。二十八日巴黎公社徹底覆亡，時間不到兩個月。

動將以普魯東所預見的聯邦形式擴展至法國全境。馬克思也深受巴黎公社感動和影響。但在鎮壓之後，他認為應該將第一國際轉型為更有組織的工人階級政黨。這一步是直接針對巴枯寧而來，他當時仍有強大的影響力，尤其是在西班牙、義大利和瑞士，而馬克思主義很快就擊敗無政府主義，在歐洲社會主義運動中取得主導地位。

無政府主義在一些地區依然相當重要，尤其是在西班牙，一直要到佛朗哥將軍和共產黨人在一九三六年到一九三九年的內戰中將其鎮壓殆盡為止。

無政府主義也在一些地區和工會主義結合，一般稱之為工團主義及無政府——工團主義運動，他們相信工人自己能夠也應該獲取權力，不用透過政黨和國家。如同烏托邦社會主義，無政府主義也影響到一九六〇年代以來的一些分權式公社運動。但比較負面的是，自十九世紀下半葉之後，某些類型的無政府主義針對一些個人採取徒勞無益的暴力行動。

然而，無政府主義者對科層組織的批判依然有其重要性。所以，當馬克思試圖消滅無政府主義在第一國際中的影響力時，有些巴枯寧在瑞士的追隨者就質疑說：

你怎能期待從威權組織中會冒出平等自由的社會？這是不可能的。（第一）國際是未來人類社會的胚胎，必須從現在起就忠於自由與聯合的原則，必須拒絕任何會導向威權和獨裁的原則。

若說馬克思想在第一國際中建立獨裁，或有此企圖，這是過於誇大。但對那些在二十世紀受馬克思啟發而建立的政黨和國家來說，無政府主義者的衷心呼籲確實有重大意義。總的來說，無政府主義為所有運動提出永恆的警示：要小心權力和官僚制度的陷阱，永遠不能信任權威。除了分權式自治組織的願景，這是它對社會主義最根本的貢獻。

## 馬克思主義

馬克思（一八一八—一八八三）與恩格斯（一八二〇—一八九五）的合作，創造出社會主義史上最重要的理論。〔左頁〕然而，他們的著作向來有多種不同的詮釋，而獨斷的詮釋比細緻的詮釋有更大的政治影響。本節要說明馬克思主義與社會主義諸流派的關係，只著重在它影響最大的貢獻，而不企圖討論其整體理論。既然如此，就必須把重心放在它對資本主義的批判，以及它為何認為資本主義必將被社會主義取代。

馬克思對資本主義的批判內在於其歷史理論（歷史唯物論主義）之中。它企圖解釋人類社會發展的整個過程。馬克思與恩格斯對烏托邦社會主義者和無政府主義者最主要的批判之一，是這些人沒有理解現在如何根植於過去。他們相信，唯有理解這一點，才能了解將導致資本主義覆滅的動態過程。

馬克思與恩格斯著作浩繁，對社會主義陣營內外都影響很大。但是，儘管他們的著作受到高度重視，也可能是太受重視，其著作中許多部分的意含和重

## 馬克思與恩格斯的合作

馬克思與恩格斯是歷史上最具創造力的夥伴，但兩人大不相同。馬克思的父母雙方都是猶太拉比後裔，他的父親是為了能繼續當律師才改信基督教。恩格斯是一名成功的德國工業家、也是新教基本教義派的長子。馬克思的學術天份很高，因為政治觀點而被大學教職拒於門外。恩格斯被父親逼迫從事家族企業，大部分是靠自學。馬克思不修邊幅，字跡潦草到無法辨認。恩格斯則井井有條，打扮整潔得體，字跡工整。馬克思娶了男爵之女燕妮·馮·威斯伐倫。恩格斯則幾乎一輩子單身，最後在一八七八年娶了即將病逝且沒受什麼教育的女工莉齊·巴恩斯。

從一八四四年開始，兩人成為政治上和知識上的夥伴及密友。恩格斯一直被馬克思的光芒掩蓋，而事實上，他自己也說過他一直是馬克思的副手，「很高興能有馬克思這麼棒的第一小提琴手」。當然，這段關係在許多方面是不平等的，恩格斯得在曼徹斯特經營家族工廠，在經濟上支持馬克思研究寫作。馬克思也是比較有原創性的思想家，但恩格斯在知識和政治上都為他們的夥伴關係作出不可磨滅的貢獻。

要性都還爭論不休。《政治經濟學批判》（一八五九）的簡短序言簡潔陳述了馬克思的歷史唯物主義理論。在這篇文章中，他描繪了人類發展各主要階段的經濟制度以及與其相應的社會類型的總體關係。

**物質生產力**（勞動力、原料和機器）之間的關係構成了**生產方式**。每一種生產方式制約著「整個社會生活、政治生活和精神生活的過程」，也是「法律的和政治的上層結構」以及「確切的社會意識形式」的「現實基礎」。這表示經濟結構是每一種社會一切主要制度的地基（有時稱為「基礎」），包括人們的社會意識（世界觀）。因此，每個發展階段——從奴隸制度到封建制度、從封建制度到資本主義制度——的社會基礎與上層結構的性質都不相同。

每個階段都會有經濟發展，但發展最終會造成緊張。例如，封建階段的技術發展和交通進步（也就是物質生產力的進展）讓資本主義成為可能，但傳統的土地所有權和稅收制度又阻礙了發展。這種緊張導致既存封建結構和萌芽中的資本主義（布爾喬亞）的衝突。這就表現為政治和意識形態的衝突，最終造成社會革命。隨後，資本主義經濟結構占據主導地位，促成了有助其進一步發展的新的社會關係和上層建築。但在這個最後階段，因為經濟發展非常成功，以致於有可能建立一個沒有過去各階段那種根本對立的社會主義社會。資本主義讓「人類社會的史前時期告終」。

這個段落總結了馬克思理論非常重要的部分，但其主要意含一直爭論不休。尤其是，它似乎意味著基礎完全決定了上層建築，但馬克思和恩格斯著作的其他段落並沒有這麼絕對，而馬克思主義陣營內部對這種關係如何運作也有爭論。許多人認為理念和制度對基礎的影響力遠比〈序言〉中所說來得大，而「發展階段」這個概念也過於僵固和機械化。最後，我在後面還會討論到，社會革命的意義也有高度爭議。

對社會主義者來說，這個理論最重要的部分是其對資本主義的批判，並提供資本主義必將覆滅的信心基礎。但同樣的，這個理論又有許多不同層次。馬克思與恩格斯在《共產黨宣言》中指出，這個體系的核心中只有兩個敵對階級：

我們的時代，也就是資產階級時代，具有一個特點：它使階級對立簡單化了。整個社會日益分裂為兩大敵對的陣營，分裂為兩大相互對立的階級：布爾喬亞（資產階級）和普羅大眾（無產階級）。

這表示其他團體（地主、農民、工匠）都被擠壓到這兩個階級之一。馬克思對這一點並不總是那麼絕對，但他確實認為，正是在這兩個階級互相衝突的經濟利益中，包含了資本主義覆滅的種子。

這套分析的起點是古典政治經濟學的勞動價值理論。其論點是，製造特定產品所需的勞動力構成了它的價值，因此勞動價值與交換價值或價格是不同的。馬克思從這個理論出發，認為在前資本主義社會中，產品被交換是因為對買方有用處。然而，他注意到在資本主義中卻非如此：製造商品是為了用來換取金錢和利潤。更進一步說，勞動（他稱為「勞動力」）也成為可以買賣的商品，但其交換價值低於其製造產品的交換價值。這就讓馬克思提出**剩餘價值**的概念。

簡單說，他的論點如下。擁有資本的人把資本轉換成生產工具（例如工廠、原料、機器），製造商品在市場出售以獲取利潤。資本在生產過程中並沒有改變其價值，而是勞動力改變了價值。首先，勞動力創造出相當於自身的價值，馬克思認為這就是勞動者及其家人的日常維生所需。例如，如果這個價值是每天五十英鎊，那麼工人可能是在第一個四小時工時中就生產出來。然而，由於勞動者每天還要再工作四小時，就可以創造雙倍的價值（也就是另一個五十英鎊）。

這表示勞動者創造出一百英鎊的價值，而超出其維生所需、被資本家拿走的部分就是**剩餘價值**（此例中即是五十英鎊）。利潤來自剩餘價值，但剩餘價值中也有一些支出，例如購買新機器。勞動者和資本家的根本鬥爭就在於**剩餘價值率**（馬克思稱其為「剝削率」）[7]，生產工具的擁有者想將它提高，而工人則要求更高工資以削減它。這就表示資本主義制度易於發生危機。

如果是勞動力創造出剩餘價值，從而才有利潤，那麼在資本主義制度的核

7〔譯註〕剩餘價值率＝剩餘價值÷勞動力價值

心中就存在著持續性的難題。個別資本家需要把生產系統現代化，藉由改善機器和技術與對手競爭。但這就表示他們得犧牲勞動者來擴大對機器的投資，也就表示勞動者得到的份額會降低。然而，既然只有勞動力才能創造剩餘價值，那麼長期趨勢就是剩餘價值會下降。增加勞動時間或提高勞動生產力可以彌補即時的問題，但在馬克思看來，這都只是暫時的權宜之計。改進生產方法表示會製造更多商品進入市場，但資本家還是要壓低工資以從工人那裡獲取剩餘價值。但這就表示勞動者沒有能力去購買多出來的商品，而這樣一來，生產就不再有利潤。

資本主義制度因此會面臨過度生產的危機，這將招致兩種後果。首先，會有一段接手和購併期，最強的企業逼迫競爭對手退出市場，有效地銷毀掉部分生產工具。其次，工資會被壓低，造成大量失業，無產階級越來越貧困受苦。最後，這會導致新的生產階段，讓資本得以從剩餘價值獲取利潤以進一步積累；但同樣的結構性問題依舊存在，資本主義的新危機會不斷出現。而且，每一次危機都會比之前的危機更嚴重，最後造成整個體系崩潰。

馬克思似乎把話講得很絕對：無產階級的處境將越加悲慘，資本主義的滅亡無可避免。但事實上，他並不那麼確信工人階級的生活水準一定會下降。他也相信工會主義及改革可以改善工人的狀況，而「維生」是個歷史性的概念，隨著社會演進，最低可接受生活水準的概念也會改變。同樣的，雖然他有時會說資本主義的崩潰近在眼前，但他在別的地方又認為，也許還要很長的時間才能窮盡資本主義所有擴張的可能性。然而最終崩潰這個概念的確深植於馬克思的歷史唯物論及其資本主義的政治經濟學之中。

轉變的種子就埋藏在現行體制的運作之中，而這永遠不是靜態的過程。未來不是如烏托邦社會主義者所想的要去建立公社實施新體制，也不是如一些無政府主義者所相信的由一群人去「打破國家」。馬克思並不相信結構決定一切。相反地，無產階級的政治行動才是根本的，階級意識的增長會使其察覺到資產階級是與其自身不同且對立的階級。從這裡就日益湧現出社會主義和革命的意識。所以，資本主義的結構特徵創造出兩個主要階級的客觀對立，而這個體系的發展和運作又創造出最終將導致革命並致力於奪取國家權力的主觀意識。

這一點是根據馬克思和恩格斯的國家起源理論。他們認為，國家產生於早期的勞動分工，當一個社會有辦法生產出剩餘、有些人可以不用對群體生活的生產有直接貢獻時，國家就出現了。接下來，國家就成為服務於每個社會統治階級利益的工具。《共產黨宣言》宣稱，「現代國家的行政部門不過是管理整個資產階級共同事務的委員會罷了」。這段話雖然誇大了馬克思和恩格斯的立場，但確實表達出他們理論的根本。然而，馬克思主義陣營對社會與國家的關係仍有許多爭論，有些人認為國家遠比上述說法有更大的自主性。

馬克思的著作和演說都強調，革命的轉變一定會有暴力。但他也批評有些人把革命等同於由一個有組織的團體搞起義或政變。馬克思的觀點是，革命危機是既存社會長期演進過程的最高峰。這表示不成熟的革命企圖不會成功，他也批評法國大革命中最激進分子（雅各賓黨）的暴力手段，認為他們會失敗是因為他們試圖把社會尚無法接受的條件強加其上。在一八四八年和一八七一年巴黎公社期間，他似乎接受需要暴力，但在其他時候，他又鼓吹要走改革的道路。他甚至認為有和平革命的可能性，說這在英國、美國和荷蘭都有適合發生的條件。在馬克思死後，恩格斯似乎更主張走這條路，並與德國社會民主黨合作務實的改革方案。

## 一九一四年之前的社會民主

一八八三年馬克思去世時，社會主義理念的主要特徵已經確立下來。烏托邦主義者、無政府主義者和馬克思主義者在很多關鍵問題上意見不同，但都強調平等、合作和社會團結，也都強調對社會貧困階層的義務，雖然只有馬克思提出一套關於階級和階級鬥爭的理論。在他死後，現代社會主義最終成形，並由政黨來主導。

從一八八〇年代到第一次世界大戰爆發這段期間，社會主義政黨在歐洲大幅成長，所有政黨在一八八九年聯合組成第二國際[8]。它們的名稱在當時就很

8〔譯註〕第二國際於一八八九年七月十四日在巴黎召開成立大會，通過《勞工法案》及《五一勞

混亂，從後來的發展來看更是如此。雖然在第二國際開會時，它們集體稱為社會主義政黨，大部分政黨也宣示社會主義的目標，但只有少數政黨用「社會主義」這個名稱。有些政黨以「工人」或「勞動者」為名，但最常用的是「社會民主政黨」。共產黨在當時還不存在，社會民主涵括了許多觀點，包括後來的共產主義。

除了英國工黨這個重要的例外，這些政黨主要都受馬克思對資本主義的批判所啟發。德國社會民主黨輕易地就成為第二國際中最大的政黨，在知識上也占主導地位。卡爾·考茨基（一八五四—一九三八）成為馬克思學說最有影響的詮釋者，不只是在德國社會民主黨內，也在整個第二國際。一八八〇年代，他大多住在倫敦，和恩格斯熟稔，這強化了他做為馬克思主義代言人的資格。然而，他傾向以機械的方式詮釋理論，強調社會主義最終勝利的必然性。他的立場也反映出要調和革命教義與選舉及議會政治的困難。它內含了改革與革命之間的緊張關係，而這正是整個第二國際的特點。

德國社會民主黨的綱領於一八九一年在埃爾富特的大會中通過，如同唐諾．薩森所指出，綱領中有兩個部分並存，而兩者的連繫是很薄弱的。第一個部分是按正統馬克思主義總結現狀，強調社會分化成兩個敵對陣營，大型資本主義企業的數量越來越少，但對經濟體系的控制卻不斷擴大，過度生產的危機越來越嚴重，而社會民主黨必須獲取政治權力以建立共有制的社會主義制度。第二個部分則提出在體制內改革的一系列措施，而非完全改造體制。雖然內部有不同意見，但多數人都認為這份綱領結合了無產階級的短期利益和社會主義的長遠目標。也就是說，它被普遍視為一份既改革又革命的綱領，在資本主義之中尋求改革——不是要替代革命，而是促成革命的手段。這是社會民主黨內占主導性的詮釋，在第二國際中亦然。

到了一九一四年，以擴大黨員人數和取得選舉多數為目標的社會民主政黨興起，使得其他社會主義流派被邊緣化。這不表示沒有挑戰者。例如，在大戰前幾年，歐洲幾個國家爆發激烈的罷工潮，反映出一股相信要靠工人直接行

---

動節案》，決定以同盟罷工作為工人鬥爭的武器。後因第一次世界大戰爆發而解散。

動，無需透過政黨來改變和建立新社會的信念（通常被稱為工團主義）。但這在當時被認為是另類而非主流。

新社會主義主導路線的另一個特點是，它公開主張工人階級的國際主義。這是根據馬克思和恩格斯關於工人無祖國，因為其共同敵人是資本主義的主張。在理論上，所有政黨都同意它們完全反對資本主義國家間的戰爭。它們不斷宣稱，假如這種戰爭爆發，它們都不會支持各自的政府。但實際上，多數政黨在一九一四年都這麼做了。這加劇了各政黨的分歧，只有一些積極的少數派反對國家領導人和戰爭。但如果不是一九一七年的布爾什維克革命，第二國際在戰後本來是有可能重建的。

## 共產主義的興起

布爾什維克在俄國奪權，創造了現代共產主義。新統治者宣稱其政黨代表了馬克思主義在當代的真正應用，並暗示他們和十九世紀的共產主義一脈相承。事實上，布爾什維克主義和馬克思主義的關係是有高度爭議的，所謂一脈相承令人懷疑。十九世紀的共產主義和社會主義沒有明顯差異。有時候，共產主義這個詞是指用比較革命的方法推動變革，《共產黨宣言》強化了這個印象。但這篇宣言是為所謂共產主義者同盟[9]所寫的，這是一個很快就消失的流亡德國工人團體，而馬克思和恩格斯在使用「社會主義」和「共產主義」等名詞時也沒有一致性。

在正統教義的捍衛者看來，俄羅斯不該是首先發生馬克思主義革命的地方，因為其人口絕大多數是農民，而且直到一八六一年才廢除農奴制度。一般來說，馬克思和恩格斯強調革命首先會發生在先進資本主義國家，雖然馬克思晚年對這一點變得比較開放。直到一九一四年，俄國馬克思主義者普遍都接受

9 共產主義者同盟（德語：Bund der Kommunisten）一八四七年在倫敦由正義者同盟改組而成，以馬克思和恩格斯為主要領導人，《共產黨宣言》為綱領，口號是「全世界無產者，聯合起來！」目的要推翻資產階級政權，建立無產階級，無私有財產的新社會。一八四八年積極參與歐洲革命，一八五二年宣告解散。

這種正統觀點，在許多理論議題上都遵奉德國社會民主黨首席理論家考茨基的觀點。然而，這種情況被俄國政黨的早期發展和戰爭危機所改變。

俄國社會民主工黨成立於一八九九年，是俄國馬克思主義者的主要組織，但它很快就分裂了，其中一派由伏拉迪米爾・列寧（一八七〇——一九二四）領導。由於他過人的精力、清晰的思路和革命熱情，很快就竄升為領導人，在《怎麼辦》（一九〇二）一書中，他提出要建立全新型態的政黨。這在次年導致分裂，列寧的布爾什維克派（意指多數派）以獨立黨派的型態運作，直到一九一二年最終決裂。

接下來，列寧完全反對世界上任何社會主義政黨支持一次大戰，試圖（但不成功）勸說持不同意見的社會主義者把戰爭轉化為國內的革命鬥爭。布爾什維克在一九一七年十月奪權（改曆後變成十一月）[10]，改變了國際社會主義運動中的權力關係。「布爾什維克」的黨名改成了「共產黨」，莫斯科成為國際共產主義運動的中心。

俄國革命時期的情況非常複雜。一九〇五年曾經出現革命的嘗試，各地成立了蘇維埃（工人議會）。政府以鎮壓和改革雙管齊下，平息了這波群眾抗議浪潮，但在一九一七年，各大都市又建立了新的士兵和工人的蘇維埃，尤其在彼得格勒（現在的聖彼得堡）。到了二月（改曆後的三月），罷工、抗議麵包短缺再加上一些部隊嘩變，迫使沙皇退位。新政府成立，但同盟國說服新政府要繼續參戰，儘管這是群眾叛亂的主要原因。

大多數布爾什維克還是相信社會主義革命不可能發生在以農民為主的國家，但流亡瑞士的列寧回國，說服他們革命在俄國有可能成功，其他國家會繼之而起，然後先進國家的同道政府會幫忙俄國建立社會主義。在「一切權力歸於蘇維埃」和「麵包、土地、和平」的口號下，布爾什維克在各個蘇維埃取得多數，發動革命起義。這讓布爾什維克得以在虛弱的各省政府和積極的蘇維埃之間的權力真空中取得控制權。

10〔譯註〕俄國革命發生在公曆西元一九一七年十一月七日，但當時的舊俄曆是十月二十五日，於是通常稱為十月革命。十月革命後，列寧就發布命令，將曆法從舊俄曆改為公曆。所以十月革命也可稱為十一月革命。

在奪權前不久，列寧寫下《國家與革命》（一九一七）一書，對社會主義在革命後的建設非常樂觀。但現實大相逕庭，因為布爾什維克面對著四項難以調和的任務。首先，他們在這個主要是農民的國家只是少數，必須鞏固權力。第二，他們得在這個以傳統階級為基礎、高度威權的社會中，證明他們能夠改變社會關係。第三，他們要維持農民與都市無產階級的暫時性聯盟，而都市無產階級是他們奪權的憑藉。第四，他們要達成大幅經濟成長以改善生活水準。他們會失敗並不意外，尤其是一九二〇年底之前，他們的首要任務是贏得內戰，其他更遠大的目標都必須退居次位。

在奪權之後，黨大談要以民主選舉的立憲會議為統治機構，顯然認為自己會贏得多數。但一九一八年一月的選舉結果，共產黨只拿到二十一％的席位，於是索性把立憲會議解散。對列寧來說，當時的情況若不是共產黨統治，就是極右派統治，而他不想冒險讓後者出現。

他對情況的分析也許是正確的，但他的決定產生嚴重的政治後果。共產黨迅速主導了所有權力機構，到內戰結束時，黨和紅軍已變得非常專制。每一次擴張權力都說只是暫時性措施，但黨國專政就這樣建立起來。

早在一九一七年十二月，黨就設立契卡（祕密警察）[11]來偵查和鎮壓所有反革命圖謀。契卡用濫刑監禁來對付嫌犯——有些嫌犯純粹只是因為其社會出身。一九一八年五月列寧遇刺事件後，紅色恐怖鋪天蓋地，數千人被處決，契卡的運作有如國中之國。此外，經過六年的戰爭後，一九二〇年經濟困難，農民對革命的支持下降，約有八百萬人死於疾病和營養不良。

## 共產主義與社會民主的決裂

許多歐洲社會主義者對第一個馬克思主義革命大為興奮，有些人則半信半疑。他們看到立憲會議被解散、革命的恐怖手段、一黨專政國家的興起，越來

11〔譯註〕契卡的全名是「全俄肅清反革命及怠工非常委員會」（All-Russian Extraordinary Commission），是後來KGB的前身。

越懷疑這到底是不是社會主義。有些人，尤其是西歐社會主義政黨的領導人，當他們聽說自己被蘇聯領導人譴責為叛徒和變節者時，這種情緒更加強化。有些西方社會主義者認為這些殘酷措施在俄國的環境下可能是必要的，畢竟俄國缺乏民主傳統，反革命也經常拿恐怖當政治武器，但這不適用於有可能透過憲政手段和平轉變的國家。有些人則更進一步，質疑布爾什維克革命是否真的符合馬克思主義。在法國社會黨一九二〇年十二月於土爾的大會上，有人提出了最強而有力的論點。

該次大會是為了決定要不要加入新成立的共產國際[12]而召開的。里昂・布魯姆（一八七二—一九五〇，後來於一九三六年法國人民陣線政府中擔任總理）是全然反對加入派的領袖。他在演說中宣稱，俄國的獨裁體制源於其革命概念。布爾什維克不是經過長期演變創造出社會主義的前提後才奪權，而是把革命視為一個小團體的起義，然後才去創造這些前提。馬克思對專政的看法是在群眾支持下的暫時、非個人的專政，布爾什維克則是由中央集權和等級森嚴的黨來實行近乎永久的專政。布魯姆的意思是，社會主義不能這樣建立，否則就只會否定自己原來的理念，因為它從內在就是不民主的。但他在大會中落敗，多數派成立了法國共產黨。

共產主義和社會民主的裂痕在布爾什維克革命後日漸擴大，但列寧思想的一些面向在一九一四年之前就已顯露出來，現在只是被體制化。最根本的一點是他對社會主義革命目標的絕對執著。這是他整個戰略、戰術和重要創見的基礎。例如，多數馬克思主義者都認為城市工人階級才是社會主義革命的載體，通常對農民和民族主義的力量漠不關心。然而，列寧了解到，唯有和農民以及許多想從俄羅斯統治解放出來的臣屬民族結成聯盟，革命在俄國才有可能。但造成社會民主分裂最為重要的一點，乃是他相信要有一種特殊的政黨來加速革命的進程。

關於先鋒黨的概念，也就是如同軍隊打傳統戰爭一般，由一群革命家來

12〔譯註〕共產國際，通稱第三國際，是一個共產黨和共產主義組織的國際聯合組織，一九一九年三月在列寧領導下成立，總部設於蘇聯莫斯科，一九四三年五月二十五日解散。

打階級戰爭，這點列寧和馬克思與恩格斯截然不同。他們認為政黨當然是必須的，但也強調工人階級要自我解放。但列寧認為，如果只靠自己，工人階級只會發展出「工會」意識，而不是革命意識。也就是說，為了爭取薪資和工作條件的衝突是必然會出現的，但工人本身並不會把這些議題放在更大的馬克思主義架構中。由於工人依然被主流意識形態束縛，就必須要有一個先鋒黨來把革命的社會主義意識帶給他們。這是一個極有爭議的觀點。

列寧可能會說，黨並不是**控制**工人，而是和工人**合作**，但這種觀點當然是菁英主義，因為它說工人只有「虛假意識」，要由一些具有更高度理解的人來改變方向。而列寧對黨組織的看法更強化了這種觀點的嚴重性，因為他不斷強調要密謀、集中制和職業革命家。這當然是為了在沙皇專制下祕密運作所需，他把這和德國相對開放的環境做對比。但他討論的不只是俄國，還把它擴大化，這顯示對他來說，集中制和密謀比民主更重要。此外，黨的領導人有權利把單一觀點灌輸給黨員，這種想法是非常有問題的。結果是政策指令可能變成詔書，大多數黨員只能接受，只能相信這些決定有經過討論和辯論。而更嚴重的是，在列寧統治下，黨的指令總是基於二分法：一個想法或政策若非資產階級的，就是社會主義的——灰色地帶是不存在的。

雖然許多評論者認為，列寧主義政黨是導致史達林（一八七九—一九五三）日後建立獨裁的關鍵，但也可以說是史達林摧毀和背棄了這個黨。許多馬克思主義革命家雖然高度批判蘇聯的方向，但還是相信列寧「民主集中制」的政黨觀念是正確的，只是後來的應用出了問題。值得注意的是，當列寧甫提出其先鋒政黨的概念時，就被兩位當時最傑出的馬克思主義革命家批判。

羅莎．盧森堡（一八七一—一九一九）是德國社會民主黨的馬克思主義革命家。她對該黨的領導層高度批判，認為他們太注重短期改革，沒有把眼光放在社會主義革命的終極目標。她相信要透過工人階級的群眾行動來造成變革，她也批判列寧的先鋒黨概念。一九〇四年，她批評這是極端集中制，只有「毫無生氣的看守精神」：

> 列寧關心的是控制黨的活動，而不是使它開花結果——是縮小而不是發

展，是束縛而不是聯合整個運動。

俄國革命爆發後，她給予審慎的支持，此時的她已是一九一八年十二月成立的德國共產黨的領導人物。然而，一個月後，她就被鎮壓革命起義的德國騎兵隊逮捕，在監禁中被謀殺。

另一位早期批評者是托洛茨基（一八七九—一九四〇）。列寧在發展其黨的理念時，托洛茨基並沒有支持他，但他後來改變看法，成為一九一七年革命和革命後政權的領導人物。列寧在一九二四年一月去世時，托洛茨基是兩個可能繼承者之一，但他鬥不過史達林，在一九二九年被驅逐出蘇聯。在流亡時，他譴責對革命的背叛，試圖復興他所理解的布爾什維克的原初精神。也因此，史達林於一九四〇年派特工在墨西哥將他暗殺。

托洛茨基始終堅持史達林主義與列寧的黨理念並無關聯，後來的托派政黨及托派運動普遍都持這種看法。然而，他最初的論斷幾乎預言了史達林日後的手段，而托洛茨基自己也身受其害。他在一九〇四年寫道：

在黨內政治中，我們將會見到，〔列寧的〕這些方法將導致的狀況：黨的組織取代了黨，中央委員會取代了黨的組織，到最後，一個「獨裁者」又取代了中央委員會。

布爾什維克的黨組織源自俄國的環境，但一九一九年的環境已經改變。由於相信只要採用布爾什維克的組織和意識形態，其他地方也可以發生革命，這個模式就強加給想加入在莫斯科成立的共產國際的所有政黨。各政黨加入的前提是，其黨內必須接受布爾什維克的教條和實踐，而共產國際大體上決定了個別政黨的路線。這種由中央控制、先鋒革命黨的觀念，讓相信改革和民主的社會主義者相當厭惡。因此當共產國際堅持所有政黨都要接受這種模式時，與社會民主就明顯決裂了。

但全怪給蘇聯共產主義是不對的，因為第二國際社會主義的馬克思主義語彙蓋過了當時更強的潮流：以憲政手段追求社會主義。在一戰之前，只有英國工黨明確宣誓憲政是達成變革的唯一手段，只重視實際的改革，而不討論終極目標。但其他政黨在一九一四年之前的官方立場都是，改革只是馬克思主義革命戰略的一環，直到它們支持戰爭曝露出心口不一。

有些政黨在戰後的行為證明了，它們寧願在體制內運作，而非像先前所宣稱的要用非議會手段來推翻體制。最惡名昭彰的例子是德國社會民主黨在一九一九年與舊菁英合作建立威瑪共和，而不支持試圖推翻資本主義的革命分子[13]。那次革命成功的可能性極微，但社會民主黨領導人的謹小慎微在當時和後來備受批判。它對議會政治的依賴讓社會民主和共產主義的決裂在德國特別慘痛。更重要的是，在一九二〇年後出現的新型態社會民主，實際上已經放棄以革命奪權來追求社會主義的理想。

許多政黨還是使用馬克思主義的術語，試圖以終極的革命目標為其政策辯護。有些自立門戶的政黨在一九二一年另組所謂的「維也納國際」[14]，勇於在共產主義和社會民主之外尋找「第三條路」。然而，當「社會主義工人國際」在一九二三年成立時，他們就放棄了。這個組織專注以議會手段取得權力，致力於實際的改革，英國工黨也成為社會民主的主流。社會民主和共產主義此時已涇渭分明。

所有共產黨都在組織上隸屬共產國際，仿效蘇聯的理論與實踐。社會民主派則拒絕蘇聯模式，認為自己的觀點和相信議會民主和社會改革的自由主義左派有某些共同之處。兩種政黨都宣稱自己為工人階級的利益服務，是建立社會主義的主導力量。兩個流派在歐洲和世界各地爭取主導權。

13〔譯註〕當時的德國社會民主黨領袖弗里德里希・艾伯特（Friedrich Ebert）被推選為威瑪共和的首任總統，並下令鎮壓由羅莎・盧森堡領導的共產黨革命，導致盧森堡被殺害。

14〔譯註〕維也納國際，正式名稱是社會黨國際工人聯合會（International Working Union of Socialist Parties），又稱第二半國際。一九二三年併入社會主義工人國際。

# 第二章　古巴共產黨和瑞典社會民主

## 共產主義和社會民主的發展

共產主義和社會民主在布爾什維克革命後的裂痕從未癒合，但兩派都不是鐵板一塊或始終不變。

總體而言，在與共產主義分裂後，社會民主政黨一直很難定位自己。這些政黨在一九一四年之前大部分都自稱是馬克思主義者，在戰後初期與共產黨爭奪馬克思主義的主導權。另一方面，他們普遍都接受以自由民主制度為達成變革的主要途徑。有些政黨依然自稱為馬克思主義者，儘管馬克思主義早就對他們的政策沒什麼影響。法國社會黨尤其如此。里昂・布魯姆還是面臨一九一四年以前關於社會主義政黨能否與資產階級結盟的老問題，所以才要區分「運用權力」（參與政府）和「征服權力」（推翻資本主義）。雖然他的人民陣線政府在一九三六年上台後立刻推動一些重大改革，但接下來的經濟政策卻是毫無新意、非社會主義的。

在德國，社會民主黨的情況更是災難。雖然該黨是一九一九年建立自由民主制度的要角，到一九二三年這段極度動盪時期都堅持不渝，而且直到一九三〇年都得到最多數選票，但它通常被其他政黨聯盟排除在權力之外。社民黨在一九二八年的選舉大勝，沒有社民黨就無法組成內閣，但它不同意盟友要求要削減失業津貼，這導致從一九三〇年開始，議會制度無法運作，只能用行政命令來統治。社民黨與共產黨的激烈分歧讓它們無法聯合反對納粹，當希特勒於一九三三年上台後，兩黨都成為受害者。當敵人越來越明顯要搞獨裁時，社民黨依然堅持民主，堅守憲政主義。但它從未提出改革方案來解決一九二九年之後的經濟危機，似乎和共產黨一樣相信這是資本主義的最終崩潰。社民黨是兩次大戰期間社會民主最悲劇性的代表。

但困難不限於那些依然自稱承襲馬克思主義的政黨。英國工黨在兩次大戰之間以少數政府短暫執政的成績並不好。尤其是一九三一年，工黨無能處理經濟蕭條，工黨領袖暨首相拉姆齊・麥克唐納（一八六六—一九三七）決定組成由保守派主導的聯合政府實施財政緊縮政策，使得工黨面臨直到二〇一九年為止最大的危機[1]。在兩次大戰之間剩下的時間，工黨只能做為反對黨，內部分裂又衰弱，直到加入邱吉爾的戰時聯合政府。

在與共產主義分裂後，社會民主的「存在理由」是社會主義可以用和平手段達成。然而，除了北歐國家是明顯的例外，尤其是瑞典，兩次大戰之間的社

1〔譯註〕由於公共部門減薪和大幅削減公共支出的財政緊縮政策在工黨內部極不受歡迎，多位工黨內閣成員提出辭呈，在國王喬治五世的敦促下，麥克唐納於一九三一年八月二十四日與保守黨和一部分自由黨組建了國民政府。九月二十八日，工黨全國執行委員會開除麥克唐納及其支持者黨籍，麥克唐納遂另組國民工黨。工黨出現了大分裂。麥克唐納一直擔任由保守黨主導的國民政府首相到一九三五年。他的行為被工黨視為背叛，工黨將他稱為「叛徒」和「老鼠」。

會民主普遍都是失敗的。多數資本主義國家都經歷嚴重的經濟蕭條、大規模失業和削減社會支出，更糟的是，有些國家甚至取消了自由民主制度，極右翼獨裁上台。這些結果在實踐上和智識上都是社會民主綱領的失敗。它顯然無法消除貧窮、建立以合作團結為價值的更平等的社會。自此之後，社會民主及其問題的性質又進一步發生變化。

在兩次大戰之間，唯一成功採取實際措施來恢復經濟並創造就業的自由民主國家，乃是小羅斯福總統及其新政下的美國。然而，羅斯福並非社會主義者，而是務實的美國民主黨人。同樣的，從理論上解釋了政府在蕭條時可以如何刺激經濟擴張的首席經濟學家凱因斯（一八八三—一九四六），則是英國自由黨人。所以戰後的資本主義改革，在實踐上和理論上都不是出自社會主義陣營。「凱因斯主義」[2]經濟學在一九四〇年代末到一九七〇年代初付諸實踐，在西歐國家造成一段長時間的經濟成長，生活水準提高，國民生產毛額較以前有更多花在社福支出。此即所謂「福利國家」的新時代，政府為國民的社會經濟福祉承擔起主要責任，這就對社會民主及其進一步發展提出了新的挑戰。

隨著增加社會支出、達到完全就業，多數社會民主政黨更公開宣誓漸進社會改革的目標，不再喊著要全盤消滅資本主義。這個過程並不平順，因為各黨黨內還是有堅持傳統社會主義觀點的少數派。有些政黨更堅稱自己始終未變。當然，各政黨在意識形態、與工會的關係、黨員與支持者的社會組成等層面確實有重要差異。但現在的社會主義可視為在資本主義制度下促進工人階級更大利益的一種傳統。由於經濟大部分還是掌控在私人手中，這就不可避免地對社會民主產生限制，也限制了能夠獲得選票支持的政策選項。

共產主義在與社會民主分裂後也有演進。一九一七年之後，共產黨在世界各地遍地開花，直到二次大戰結束為止，共產主義和蘇聯的經驗是分不開的。因為唯有蘇聯才有共產政權執政，其他政黨都要宣誓對其效忠。一九四〇年代，東歐與中歐在蘇聯控制下成立共產集團，蘇聯的老大地位更加強化。但南

2 凱因斯主義：立基於凱因斯著作《就業、利息與貨幣的一般理論》思想上的經濟理論，主張國家應該採用擴張性的經濟政策，透過增加總需求來促進經濟成長。

斯拉夫領導人狄托[3]和史達林嚴重不和，在一九四八年脫離集團。狄托的體制也是一黨專政，但在經濟上則遠比蘇聯分權。更重要的是，毛澤東（一八九三—一九七六）領導的中國共產黨在歷經二十多年的革命鬥爭和內戰後，終於在一九四九年掌權。中國的體制和蘇聯模式很不同，更重視農民的角色。到了一九六〇年代，中國與蘇聯的關係惡化到爆發邊界衝突，戰爭一觸即發。這也導致國際共產主義運動進一步分裂，有些國家轉向毛主義尋求啟發。其他共產政權也冒出頭：二次大戰後分裂的北韓；越南（起初只有北越，待美國在長期戰爭後撤軍，一九七五年統一全越南）；以及一九五九年革命後的古巴。

蘇聯領導人赫魯雪夫（一八九四—一九七一）於一九五六年蘇共大會上揭發真相之後，共產主義進一步分裂。赫魯雪夫批判史達林的統治，揭露其暴行的證據[4]。這導致一些西歐國家的共產黨（尤其是義大利和西班牙）逐漸脫離蘇聯控制，並在一九七〇年代自稱「歐共主義」。他們宣稱接受多黨政治、言論自由和自由民主。而共產國家雖然有諸多分歧，但都維持一黨專政、經濟大部分為國家所有、忠於官方詮釋的馬克思主義意識形態、以非民主的方式保有權力。

對於共產主義和社會民主的討論長期聚焦在幾個大國：談到共產主義就是蘇聯和中國；談到社會民主就是德國、英國和法國。這是可以理解的，因為確實是大國在主導世界歷史，但這也可能導致對社會主義不公平的負面評價。尤

3 狄托（Josip Broz Tito, 1892-1980）：南斯拉夫革命家、政治家，南斯拉夫共產主義者聯盟中央委員會總書記、主席，南斯拉夫社會主義聯邦共和國總統、總理，元帥，在南斯拉夫執政三十六年。一九一八年加入南斯拉夫共產黨支部，三七年接掌南斯拉夫共產黨，四〇年被選為南共總書記。儘管執政時期被人批評為威權統治，但他通常被視為南斯拉夫聯邦內各民族統一的象徵。他還是不結盟運動發起人之一，與印度總理尼赫魯、埃及總統納塞共事。他提出的政治思想被稱作狄托主義。

4〔譯註〕一九五六年二月十四日，蘇聯共產黨第二十次代表大會在莫斯科克里姆林宮召開。赫魯雪夫提出一份祕密報告《關於個人崇拜及其後果》，譴責史達林大清洗和驅逐少數族裔的罪行，猛烈抨擊他農業政策帶來的災難，還攻擊他軍事指揮上的無能，並在最後表示要重新回到列寧主義的路線上來。在三月，赫魯雪夫將一份報告文本作為材料發放給黨組織，供七百萬黨員和一千八百萬共青團員討論學習。以色列情報機構在華沙獲得祕密報告文本，並於四月送到美國中央情報局手裡。一九五六年七月四日，《紐約時報》將其刊登。祕密報告的公開給社會主義陣營帶來一波猛烈的政治震盪，引發蘇聯國內及其衛星國的一系列騷亂。

其是在蘇聯和中國的案例，其暴力和鎮壓規模之大，讓人很難不帶感情地評斷其利弊得失。社會民主政府在歐洲大國的失敗當然沒有史達林主義與毛主義那麼罪惡深重，但也很難說有創造出符合社會主義價值的另類社會模式。

雖然沒有哪個政黨獲得完全成功，但瑞典社會民主和古巴共產主義都試圖達到平等、合作與團結的目標，也都有顯著的成就。這是我選擇這兩個國家做個案研究的原因。

把這兩個個案並列，並不表示兩者是雷同的。共產主義和社會民主在布爾什維克革命後出現的重大分歧，影響到各自的意識形態，尤其是關於民主和私有制等議題。而且他們各自面對的環境也非常不同。一九五九年（古巴革命那一年），瑞典社會民主派相對餘裕地活在富裕穩定、沒有重大外部威脅的自由民主制度之中，但卡斯楚最關心的卻是古巴島上的赤貧，以及被一水之隔的敵對超強入侵。然而，兩者之間也有有趣的可比較之處，因為瑞典社會民主派和古巴共產黨都試圖在大國主導的世界中推動重大社會變革，兩者也都受制於國際政治經濟大環境的變化。

## 瑞典的社會民主

瑞典社會民主工人黨（SAP，以下簡稱社會民主黨）在一九一四年之前的官方路線是尊崇馬克思主義，但當時的論調和正式聲明中就有一些很強的修正主義傾向。亞爾馬・布蘭廷[5]從一九〇〇年到一九二五年領導該黨，他原本是自由派，晚年試圖結合自由主義和社會主義。另一位重要人物佩爾・漢森[6]

5 亞爾馬・布蘭廷（Karl Hjalmar Branting, 1860-1925），瑞典政治家和社會民主主義先驅，以二十世紀的和解國際外交與挪威外交官同獲一九二一年諾貝爾和平獎。一八八六年開始擔任《社會民主黨人》主編，為一八八九年創黨人之一，一九〇七年成為該黨領袖，並促成與自由主義分子合作，遂有一九一七年的自由社會黨聯合政府（擔任財政部長）和次年的憲法改革，促進社會民主理念在瑞典的傳播。一九二〇年組建第一個社會民主黨政府，之後三次組閣；由於其對國際事務的積極參與，一九二三年成為國際聯盟理事會成員，翌年並當選為國際勞工組織會議主席。

6 佩爾・漢森（Per Albin Hansson, 1885-1946），瑞典社會民主黨政治家，在一九三二年至一九四六年期間四次擔任首相，帶領國家擺脫一九三〇年代初期的經濟蕭條，發起關鍵的社會福利立法，並幫助瑞典在二戰期間保持了中立。他所領導的政府實施公共工程建設、支持農業和財政擴張的措施，以及失業保險，並引入養老金等新的社會計畫。漢森在一九二八年社會民主黨大

在一九三二年成為首位社會民主黨首相，他有一段經常被引用的說法，構成了瑞典社會民主的關鍵特色——folkhemmet，也就是社會和國家乃是「人民之家」：

> 家庭的基礎是親密團結和共同情感。一個好的家庭不會有誰享受特權或沒有價值；沒有誰特別受寵，也沒有誰是繼子繼女。沒有誰看不起誰，沒有誰去占誰的便宜，強者不會壓迫搶奪弱者。在一個好的家庭，有的是平等、關心、合作和互助。運用在更廣大的人民和公民的家，這就表示要打破所有把公民區隔成特權的和不幸的、統治者和被統治者的社會經濟藩籬……

社會民主黨從一九三二年到一九七六年連續執政（除了一九三六年很短暫的中斷），基本上就是基於這種情感推動了重大且持續性的經濟社會改革。

瑞典社會民主還有一個特色，就是它是以工會主義為基礎，尤其是把藍領工人的聯盟——瑞典工會聯合會[7]——納入政黨之中。不單是瑞典，英國的工會和工黨也有這樣的有機關係。然而，在瑞典的例子，工會聯盟中央有淩駕各工會的權力，這表示政策通常是由社會民主黨和工會聯合會聯手制定的。這也導致另一個特色，許多在知識上極為嚴謹的綱領和政策都來自工會聯合會和社會民主黨。在其他國家，一些最具創見的政策是社會民主政黨以外的人物所提出，例如凱因斯，但在瑞典，則多是來自社會民主運動主流的人物。恩斯特·威格佛斯[8]在當財政部長之前，就已提出一套對付景氣循環的經濟政策（這是

---

會開幕式上提出了政府角色的概念——「人民之家」，積極的社會政策正是實現的重要因素。二戰結束時，他組建了社會民主黨政府，但次年去世。

7〔譯註〕瑞典工會聯合會成立於一八九七年，是由十四個瑞典工會組成的傘狀組織，成員以藍領工人為主。在瑞典一千萬人口中總共有一百五十萬名會員。

8 恩斯特·威格佛斯（Ernst Wigforss, 1881-1977），瑞典政治家和語言學家，為社會民主工人黨的傑出成員和瑞典財政部長。一九一九年，威格福斯當選為瑞典議會成員，一九二四年入閣，二五—二六年，以及一九三二—四八年擔任財政部長，其對瑞典的經濟政策影響甚鉅，被認為是最具創新精神和最大膽的社會民主黨政治家之一。

凱因斯《一般理論》[9]的先聲)。他從一九三二年到一九四八年都擔任此職務,有權力把他的策略付諸實踐。同樣的,知名經濟學家岡納和艾娃.米爾達夫婦[10]都是社會民主黨的「建制派」,這有助於他們先進的社會政策理念能在一九三〇年代被接受。

雖然社會民主黨不如一些支持者所希望的快速激進,但確實朝著平等團結的目標不斷邁進。在一九八〇年代末,瑞典是西方社會中醫療、教育等支出在GDP占比最高的國家。一九七〇年代和一九八〇年代的許多研究也指出,雖然瑞典的不平等指數在這個時期已經是最低的,但其財富再分配的程度仍然高於任何國家。

有些在平等上的成就乃是其他政策的副產品,尤其是為了因應經濟擴張時期的勞動力需求。全體女性勞動參與率從一九六〇年的五十一%上升到一九八〇年的七十六.九%。而根據一份對十二個先進資本主義國家的比較研究,瑞典在這兩個年份的就業率都是最高的。已婚女性在一九八〇年的勞動參與率尤其耀眼,瑞典高達七十五.六%,第二高的英國只有五十七.二%。當時在大多數國家，女性就業多限於低薪部門，但在瑞典，由於工會對低薪工作採取全面加薪和同工同酬政策，女性受到比在其他國家更大的保障。這些成就，以及育嬰托兒中心的快速普及，並不是光追求性別平等或運用社會政策（而不是經

9《就業、利息與貨幣的一般理論》（*The General Theory of Employment, Interest, and Money*）簡稱《一般理論》，是英國經濟學者凱因斯於一九三六年出版的重要著作。該書在經濟學上的開創性，成為隨後總體經濟學得以發展的思想源泉。凱因斯的思想後來形成了改良資本主義的理論基礎，即凱因斯學派，其追隨者也被稱為凱因斯主義者。

10 岡納．米爾達（Gunner Myrdal, 1898-1987），瑞典經濟學家、社會學家、政治人物。除了任教於大學，一九三四年和一九四二年兩度當選為議員，一九四五—四七年任商業部部長，並曾擔任戰後計畫委員會主席與聯合國經濟委員會秘書長等職。一九七四年與海耶克一同獲頒諾貝爾經濟學獎，兩人分屬政治光譜兩端，但諾貝爾獎委員會要「表揚他們在貨幣政策和商業週期上的開創性研究，以及他們對於經濟、社會和制度互動影響的敏銳分析。」艾娃．米爾達（Alva Myrdal, 1902-1986），為瑞典社會民主工人黨的重要成員，一九三〇年代瑞典社會福利改革和婦女權利的主要倡導者。一九四三年投入國際戰後援助與重建委員會，一九四九年被任命為聯合國社會事務部負責人，一九五五年成為聯合國教科文組織社會研究負責人，同年被任命為瑞典駐印度大使，是瑞典首位女性大使。一九六二年成為議員、六七年入閣，並於一九六二—七三年擔任日內瓦聯合國裁軍談判瑞典代表團團長。一九八二年與墨西哥的 Alfonso García Robles 共同獲得諾貝爾和平獎。

濟政策）就能夠達成的。

第三章將會談到，女性主義和社會主義的關係是很複雜的，不只限於與就業相關的議題。在瑞典，性別平等的概念最初雖源於經濟需求，但婦女運動對擴大性別平等概念扮演了關鍵角色。這也是瑞典社會民主的一大特色：當不同的族群在其發展中取得一席之地，社會民主體制也會得到強化。

提姆．提爾頓認為瑞典的社會民主有五大主軸。第一是整合性民主，以民主決策為合法性的最終判準。社會民主黨一直追求讓產業勞工（後來擴大為所有受雇者）能平等參與社會的組織和管理，但也重視共識統治。這就聯繫到第二個主軸，也就是前面所講的人民之家的概念，追求團結和平等對待。第三，社會民主黨一直主張社經平等和經濟效率是相容而非互斥的目標，而這又聯繫到第四個主軸，也就是要追求受社會控制的市場經濟，而非經濟國有化。在一九二〇年代，社會民主黨不再執著於所有權，慢慢接受以所得重分配來改變市場體質的概念。這就越來越強調要與企業家談判，以強化社會控制來削弱資本家的特權。

第五個主軸是適當的擴張公部門來擴大選擇的自由，增進一般民眾的社會安全。這有兩個前提：政府是民主的，以及賦稅不是對自由的威脅，而是為全體利益提供公共服務的手段。這使得政府支出在一九八〇年高達GDP的六十一%，而十八個OECD國家的平均是四十三．一%；社會支出占GDP的二十八．八%，其他國家平均是十八．八%。然而，瑞典對中等收入和管理階層的邊際稅率也比其他國家都高。到一九八〇年代末，瑞典的稅收占GDP比例已是全世界最高。這也導致了從一九八〇年代中期開始的反彈。

這些主軸只是一般性的意識形態願景，不是嚴謹的理論，但卻構成了一整套政策。平等和團結的根本價值也是瑞典對待貧窮國家的立足點：瑞典一直是GNP援外金額占比最高的國家之一。然而，社會民主的成功還要看其價值在多大程度上改變了整個社會的體質。

如果社會民主黨的政策完全不被其他政黨和社會中有權力的人接受，它是很難執政這麼久的。儘管其長期執政在一九七六年曾短暫中斷，但它所建立的體制並沒有什麼重大改變，而且很快又重返執政。所以很有理由認為，現在的瑞典社會已經被社會民主黨成功按照自己的形象重組了。有一種爨合理的解釋是，社會民主制度和瑞典社會既有的特性是相容的。瑞典的基本識字率在十七世紀末已經相當高，十九世紀中開始建立的初等學校制度又把識字率擴大。重視教育可能有助於促進農業效率和辯論的氣氛。更廣泛的說，亨利・米爾納認為瑞典政治文化的特色就是根植於前工業社會的價值：務實的中道、公共精神、平等、尊重個人自主、路德派對工作倫理的重視。社會民主強化了這些價值，意向調查似乎也證實瑞典人特別重視平等，傾向以和平方式解決衝突。

這些價值觀也被制度和組織強化。瑞典人願意參與民間組織的程度高於全世界任何國家。最重要的是，在一九八〇年代末，社會民主黨的黨員多達一百二十萬人（瑞典總人口只有八百四十萬人）。此外，瑞典人參加工會的比例也是全世界最高。除了工會聯合會和社會民主黨的有機聯繫之外，社會民主黨在其他工會聯盟以及有兩百萬會員、九萬名員工的合作社運動中也有很高的支持度。最後，在聲勢最高峰時，社會民主黨和工會聯合會還有自己的報紙和學校系統，對各種非政府組織和人民運動都有極大的影響力。

但重要的是，我們不可過於誇大長期寬容的氛圍。有利的政經條件也許會促成重視團結平等的社會態度，但若條件發生重大變化，這些態度也會折損。更重要的是，在私有財產制度限定的範圍之內，平等的程度永遠都是有限的。

社會民主的成功要靠與潛在敵手談判妥協的能力。畢竟，即使在戰後巔峰時期，社會民主黨也只有一次拿到超過百分之五十的選票（一九六八年）。社會民主黨有時要和他黨聯合執政（由社會民主黨主導），也永遠需要企業界的合作。那麼，瑞典模式所仰賴的經濟談判究竟是什麼呢？

其根源可追溯到一九三八年工會聯合會與瑞典雇主總會（SAF）的協議[11]。

11〔譯註〕瑞典原來罷工鬥爭不斷。一九三八年，工會聯合會和雇主總會就勞工衝突、生產和技術、勞動環境和勞動保護等問題達成了勞資總體協議。協議規定：有關工資和其他勞動條件等勞資矛盾要通過談判解決；在談判開始前和談判期間任何一方不得採取鬥爭措施；在地方談判未果的情況下開始聯合會（中央級）談判。談判失敗並採取鬥爭手段要事先通報對方及有關單位（為討還拖欠工資而採取的鬥爭除外）。違反上述程序的一方將會受到制裁。雙方決定成立由雙方代表組成的勞動市場委員會，討論並處理有關企業民主、辭退原則、勞資衝突不應造成「社會危險」和不應影響「第三方」利益等問題。

一九五一年，兩位大經濟學家戈斯塔．雷恩（一九一三—一九九六）和魯道夫．邁德納（一九一四—二〇〇五）向工會聯合會代表大會提出一份報告，這份報告強化了所謂「瑞典模式」。此前曾有一段時期採工資控制，而雷恩—邁德納模式既避免這種嚴厲的手段，也不以失業來抑制工資上漲的壓力。在一九五七年到一九五九年的經濟蕭條時期，政府首次實行了這個新模式。

這種模式的根本信念是，提高生產力是增加工資、為福利國家提供財政支持的重要前提。同時，雷恩與邁德納也主張工會聯合會應該主導工資集體談判，支援弱勢工會的訴求。這個模式的創新之處在於，它把談判中最弱勢一方的利益等同於勞工運動整體的利益。但這個模式有賴工會、雇主和政府都支持受管制的資本主義模式。一方面堅持自由貿易，讓企業面對國際競爭後體會到利潤將越來越薄，無法把工資上漲的成本簡單轉嫁給消費者。另一方面，政府用稅收來限制較成功的企業，不要把超額利潤過多用來支付上漲的工資，而是投資在新的產能。整個策略是鼓勵資本集中，尤其是大型出口導向的企業，並以資本密集來取代勞動密集。

政府、工會及雇主三方成功協商，構成瑞典福利體系的基礎。然而，協商結果還是要顧及管理階層的許多特權，平等主義對不平等的一些重要面向並沒有造成多大改變。例如一九七〇年代末，最頂端〇．一％的股東持有全部股市總值的二十五％，而前十％的股東持有七十五％。當經濟擴張衰退、瑞典模式面臨更大的威脅時，這些因素就變得很重要。

## 壓力與難題

一九六〇年代晚期，當一些最成功的製造業在利潤上創出新高，勞工運動內部對於不同產業工資均等化的團結工資政策[12]開始有所不滿。工會的激烈不滿促成包含產業民主的一系列重大改革，但工會聯合會在一九七六年的新綱領

12〔譯註〕團結工資政策刻意壓低最賺錢產業的工資，提高比較不賺錢產業的工資，目的是讓工資在總體上較為平等。

也激起了對瑞典社會模式的反彈。新綱領是隨著公司利潤提高，勞工要取得更高比例的公司股份。這遠遠超出之前三方協商的共識，雇主們動員起來反對，造成社會民主黨在一九七六年大選失敗。

後來工會聯合會和社會民主黨合作制定了較不激進的方案，社會民主黨在一九八二年重返執政後，在一九八三年十二月實行了更加溫和的政策。但這次挫敗意義重大，因為它預示了瑞典社會民主走向衰落的長期趨勢。首先，它顯示工會聯合會可能做超出雇主所能忍受的協商範圍，而這是這個「模式」的基礎。雇主聯合會能接受更多的產業民主，但不能容忍威脅到所有權。第二，政經環境開始改變，趨勢對雇主和中右翼政黨有利。

到一九八〇年代中期，經濟體質已有相當大的改變。八〇年代初，美國和英國（雷根總統和首相柴契爾夫人）開啟了「新自由」資本主義時代，包括撤銷管制、資本自由流動、國有企業私有化、在公部門引進資本主義式的機構。瑞典的出口占GNP比例甚高，瑞典企業越來越國際化，經濟也比過去承受更大的國際競爭壓力。大型出口企業更容易受新的國際主流觀念影響，於是政府從一九八五年開始大幅撤銷經濟管制，四年後又放鬆資本管制。一九九五年加入歐盟也是一件大事。由於瑞典要服從歐盟所有法規和經濟整合的要求，更難保持其獨特的體制。

經濟變遷對社會民主黨和工會聯合會產生巨大影響。藍領工作在一九八二年到二〇一四年快速減少，在總體勞動人口的比率由二十％下降為九％。勞動結構改變削弱了工會聯合會的中樞地位，一九九〇年，瑞典模式的最大特色——社會民主黨和雇主聯合會集體協商的制度——崩解了。瑞典政治也因此產生巨大變化。

最重要的是，社會民主黨不再占主導地位。社會民主黨的龐大黨員人數來自工會集體加入，但工會聯合會已不再這樣做了。社會民主黨的黨員人數在一九九二年降為二十五萬人，二〇一七年只剩不到九萬人。在一九八八年之前，社會民主黨都能拿到超過四成的選票，此後再也沒達到這個水準，二〇一八年九月只略超過二十八％。階級認同和政黨忠誠度也顯著下降。在一九八二年，有七成的勞動階級投票給社會民主黨，但到二〇一八年只有三十一％。

與此同時，瑞典社會模式的支持網絡也在消逝。過去大多數NGO和社會運動一方面支持社會模式，一方面以運動和請願對政府施壓。但許多民間組織現在已轉型為外包管理制度下的專業服務提供者。這就讓企業導向的運動變得重要起來，強調的是契約文化和服務提供。

以上種種因素弱化了社會民主派對政府的控制。社會民主黨從一九九一年到一九九四年間在野，在組成「紅—綠」聯盟以不安定的少數重返執政後，二〇〇六年到二〇一四年又在野。二〇一八年九月大選後，局面更不穩定，一直談判到隔年一月底，社會民主黨才在國會中間派和自由派政黨的支持下，和綠黨組成更加脆弱的少數執政聯盟。

在此不穩定的局面下，右翼仇外運動的崛起對社會政治共識造成極大的威脅。這一點在一九九〇年代就可見端倪，這類政黨曾在一九九一年獲得將近七%的選票，雖然後來迅速隕落。其後，瑞典民主黨（SD）捨棄原來明顯親納粹的路線，宣稱自己是主流民族主義政黨，問題又開始激化。瑞典和德國一樣，對來自戰亂地區如敍利亞、阿富汗的移民採取自由派立場，再加上其他貧窮國家的移民，導致在二〇一七年，瑞典人口約有十九％是外國人，十一％來自亞洲和非洲。瑞典民主黨以反移民、本土主義的主張，利用局勢挑戰既有的政治共識，在二〇一八年拿到十七・五％的選票。為了削弱民主黨的訴求，其他所有政黨——包括社會民主黨在內——對移民的態度也都強硬起來，但沒有政黨願意和民主黨合組執政聯盟[13]。這種新威脅以及對其回應的方式，曝露出社會共識的脆弱，讓政治局勢進一步向右傾。

## 一個時代的結束？

以上種種引出瑞典是否還算是「社會民主」的問題。在新的國內外環境下，

13〔譯註〕二〇一八年大選後，瑞典社會民主黨領頭的「紅綠陣營」占一百四十四議席，不夠國會過半門檻所需的一百七十五席。「中右聯盟」有一百四十三席，嘗試組閣但宣告失敗，因為「中右聯盟」拒絕與瑞典民主黨（占六十二席）合作組成聯盟。最後在中右政黨棄權投票之下，由左翼「紅綠陣營」組閣成功，社會民主黨領袖勒夫文（Kjell Stefan Löfven）當選首相。

社會民主黨政府和中右派政府都降低遺產稅、富人稅和不動產稅，造成不平等顯著上升。好幾個研究都證明這個趨勢從一九八〇年代開始增強，在國際評比中，現在的瑞典在平等程度上只算是最好的國家之一，不像過去總是超群絕倫。以社會支出占GDP比例來說，瑞典也不再名列前矛，各項社會政策的改變也相當明顯。例如，教育上的不平等在一九九八年到二〇一四年間急劇上升。

瑞典的社會民主雖已失去光輝，但宣告其死亡卻還太早，因為還保有很多重要的成分。比起大多數國家，工會主義在瑞典依然強大。藍領工人也許減少了，但服務業和專業工會聯盟在一定程度上彌補了工會聯合會力量的衰退，它們與社會民主黨的結盟關係還是很強。瑞典人對社會福利制度的支持度還是很高，一些社會進步的面向也依然維持。尤其是，儘管性別不平等依然存在，但女性賦權已在瑞典社會根深柢固。例如，二〇一七年歐盟性別平等指數就顯示，瑞典是二〇〇五年之後的十年間進步最大的國家，並且在二〇一五年還有持續顯著的進展。在應對氣候變遷危機和其他更廣泛的環境政策上，瑞典也在國際上扮演領頭羊的角色。第三章將談到瑞典減少溫室氣體排放的腳步已經緩慢下來，也正是瑞典女學生童貝里號召國際運動，以罷課來抗議面對氣候變遷威脅的消極作為。

其他政黨也在幫忙維持社會民主制度。綠黨的聯盟向來是一大助力，雖然綠黨在二〇一八年大選後變成國會最小政黨[14]。支持原有社會模式的左派黨在該次大選表現較佳，拿到八%的選票和二十八席。

所以總的來說，雖然瑞典社會民主已過巔峰，但生命力依然旺盛。它採納了新型態資本主義的許多特點，抵禦對社會民主越來越不利的國際環境壓力。

## 古巴的共產主義

費德爾．卡斯楚（一九二六—二〇一六）在一九五九年一月革命成功，掌控了古巴政治，並自一九六〇年代初逐步建立共產政權。古巴建立了典型的一

14〔譯註〕綠黨在二〇一八年大選得到國會三百四十九席中的十六席。

黨專政體制，與蘇聯緊密結盟，並在一九七〇年以後擴大對蘇聯的經濟依賴。然而，當初的革命造就了這個政權的許多特點。

自一八九五年從西班牙獨立之後，古巴在經濟上高度依賴蔗糖，經常發生阻擋激進變革的軍事政變，並受到美國宰制。二次大戰後情況依舊，一九五二年，富爾亨西奧·巴蒂斯塔[15]又在華府支持下發動政變。

第二年，時年二十五歲的法律系畢業生費德爾·卡斯楚及其追隨者試圖奪取一個軍營發動革命。失敗後入獄，兩年後因大赦獲釋，流亡海外。卡斯楚在一九五六年十二月回國，他領導的運動（稱為七二六運動，以一九五三年那場流產政變的日期為名）和其他團體結盟，與軍隊進行武裝鬥爭。一九五八年末，巴蒂斯塔政權已無法統治，美國也撤回對他的支持，巴蒂斯塔希望能與革命勢力達成協議。巴蒂斯塔逃離出國，卡斯楚的革命運動奪得政權。他的掌權廣受人民支持，但這場革命的意義尚未清晰。

新政府揮別舊時代，決心要讓政治煥然一新，拒絕外國干預，堅持革命軍是新古巴的保衛者。一開始的綱領是推動農業改革和累進稅率政策，給予古巴人的投資甚於外來投資的優惠，偏袒非蔗糖產業（甚於蔗糖產業）、小企業（甚於大企業），重視地方省分甚於哈瓦那。然而，這場表面上有限的革命其實是假象，理由一是其深入社會，二是因為卡斯楚及其親密同志的權力集中。

在一九五〇年代晚期，古巴許多指標都排在拉丁美洲前五名，但農村人口有超過四成不識字，農村住宅只有不到一成有電力，不到三%有室內水管，營養不良相當普遍，醫療設施集中在哈瓦那。革命政權集中精力照顧窮人和一般百姓。土地重分配和新的國有大型農場立刻產生效果，減租政策把十五%的國民所得從地主移轉給工人和農民。

同時，卡斯楚加強集權。他在一九五九年二月當上總理，很快就把敵手孤

15 富爾亨西奧．巴蒂斯塔（Fulgencio Batista, 1901-1973），古巴政治人物，曾兩度統治古巴（一九三三—四四，一九五二—五九）。巴蒂斯塔是貧農之子，一九二一年參軍，一九三三年發動政變，推翻 Carlos Manuel de Céspedes 的臨時政權，成為古巴實質的領導人，掌權期間擴大教育體系，贊助公共工程，促進了經濟的增長。任期結束後的八年裡，腐敗捲土重來，巴蒂斯塔重新掌權，並在一九五四和五八年的選舉成為唯一候選人，最終政權被卡斯楚推翻，流亡葡萄牙。

立。革命法庭審判和處決了大約五百名巴蒂斯塔的警察和國安人員，讓許多資產階級和非革命派政治人物害怕，紛紛逃亡出國。卡斯楚還掌控了蘇聯支持的人民社會黨（PSP）。人民社會黨在工會運動中經驗豐富，而卡斯楚等到七二六運動在各工會中取得壓倒性多數後，才把兩個組織合併為工會聯合會（CTC）。這就防止敵對勢力中心出現，讓卡斯楚得以推動其優先事項。從他對政治的態度，可以看出卡斯楚全面掌控的決心。

他的主要目標是提高就業、擴大健保、推動教育、催生新的政治意識。一九六〇年，他在哈瓦那對上百萬古巴人民說，他的政府不會再舉行選舉，新政權的基礎是魅力型的權威和受歡迎的改革，不是蘇聯共產主義的制度化結構。然而，這個政權深受其與美蘇關係的影響。

美國政府從一開始就對卡斯楚很冷淡。他在一九五九年四月訪問華府，沒讓美國人放下戒心。卡斯楚當時如果有向美國請求援助，美國政府也許會正面回應，附加條件把新政府拉向美國這邊。但卡斯楚沒有提，中情局和國務院遂策畫將他推翻，兩邊唇槍舌戰越演越烈。

一九六〇年二月，蘇聯高層代表團訪問古巴，建立正式外交關係，並簽定第一個貿易協議。美國也升高顛覆行動，在一九六一年四月支持古巴流亡者發動豬玀灣事件[16]，試圖推翻新政權失敗。美國還對古巴島進行經濟封鎖。這兩件事既激發了人民的革命熱情，也從根本上改變了革命的性質。

一九六〇年九月，卡斯楚設立保衛革命委員會（CDR），這些由志願者組成的革命組織對維繫新政權扮演關鍵角色。卡斯楚也加強結盟以對抗美國壓力。與莫斯科關係的鞏固很快導致在島上部署核彈對抗美國，在一九六二年十月幾乎引發世界大戰[17]。

16 卡斯楚掌權後沒收美國在古巴的經濟資產，並與蘇聯發展密切聯繫，位於後門的古巴成為美國芒刺，一九六〇年，艾森豪總統指示中央情報局制定入侵計畫，甘迺迪接任後持續。一九六一年四月，美國資助的流亡反革命古巴人部隊入侵古巴西南海岸豬玀灣；登陸兩天即被卡斯楚的軍隊擊敗。此役鞏固卡斯楚政權，並且讓古巴更靠近蘇聯，最終導致一九六二年的古巴飛彈危機。

17 即古巴飛彈危機。一九六二年三月，甘迺迪政府對古巴實行全面經濟禁運，美蘇衝突升溫。同年十月，蘇聯為報復美國在義大利和土耳其部署彈道飛彈，在古巴也部署了類似的飛彈，冷戰對抗升級為世界核戰危機；危機最後以蘇聯領導人赫魯雪夫同意美方的要求撤除飛彈，換取美

自一九六一年起，古巴開始仿效蘇聯集團的政治制度，讓親蘇聯的人民社會黨在執政聯盟中扮演更重要的角色。卡斯楚直到一九六五年才正式創建共產黨，但革命的起源和最初的發展持續留下印記。古巴從來不像東歐國家那樣是蘇聯的衛星國，這是由歷史和地理因素決定的。

## 進展與挫敗

新政權的社會目標很快就很清楚了。一九六一年，成千上萬名青年志願者被送到農村提升識字率，同時學習務農，希望能打破城鄉差別。新設立幾百間學校，大規模訓練教師。醫療保健延伸到農村地區，廣設農村診所。但經濟困難也很大，一九五九年到一九六三年間蔗糖價格下跌超過三成。這導致走向快速社會主義化，從一九六四年到一九七〇年間，所有工業、商業和金融業都被收歸國有，農業有七成也歸國家所有。最貧窮工人的工資有所增長，所得和消費也趨於平等。

傳統共產主義者和蘇聯顧問認為，在低度發展階段，要給工人較高的工資和獎金才能提高生產力。這種觀點直到二十世紀仍然很有影響力，但卡斯楚的親密戰友切．格瓦拉[18]——這場革命中最成熟的理論家——強調要以道德動機激勵人民勞動。卡斯楚在一九六六年採納了格瓦拉的政策，以一九六八年到一九七〇年間的革命攻勢告終，其經濟戰略是全力在一九七〇年收成並加工一千萬噸蔗糖。結果不但目標沒有達到，其他產業的生產力也跟著下降。

這件事曝露出人民對於勞動增加但沒有物質獎勵的不滿，結果導致怠工、

18 切．格瓦拉（本名Ernesto Guevara, 1928-1967，暱稱切Che），是社會主義古巴、古巴革命武裝力量和古巴共產黨的主要締造者及領導人，著名的國際共產主義革命家、軍事理論家、政治家、醫生、作家、游擊隊領袖和經濟學家。阿根廷出生成長，大學時休學一年以摩托車環遊南美洲，旅行的日記後集結為《革命前夕的摩托車之旅》。這趟旅行成為其生命的轉捩點，他看到拉丁美洲的貧窮苦難，認為資本主義、新殖民主義與帝國主義是造成社會不平等的原因，必須透過革命改變，於是參與了瓜地馬拉的社會改革，並成為古巴革命的核心人物之一。革命後在古巴政府擔任要角，一九六五年離開古巴，先後到剛果、玻利維亞進行反對帝國主義的游擊戰爭，美國中情局介入幫助玻利維亞政府剿滅游擊隊，最終被捕處死。

國不入侵古巴的承諾而解除。

曠工、黑市活動和其他形式的沈默抵制。蔗糖危機導致政策完全轉向，古巴更加仿效蘇聯經驗，更在一九七二年加入蘇聯經濟集團的經濟互助委員會[19]。一九七三年，工會聯盟主張要提高物質獎勵，政府也從善如流，並擴大生產消費產品。這場改革讓工資結構變得不平等，容許更多權力下放和自主，國有工業和農業部門中的個別單位得到更多利潤獎勵。政府也容許更多有限度的私有經濟活動，但也與組建農業合作社的激勵措施相結合，合作社亦迅速增加。不需要配給的商品也越來越多，雖然基本生活必需品還是要配給來保護窮人。

一九七一年到一九七五年間的年經濟成長率達到十四％，國家開始大力推動女性就業，這表示經濟需求是促進性別平等的重要因素（和瑞典一樣）。自巴蒂斯塔時代以來，女性就業率只有微幅成長——從一九五六年的十三％到一九七〇年的十八％。一九七四年開始採取性別平等政策後，到一九八〇年代中期，女性就業率已達三十七％。女性在正規產業的就業率是全拉丁美洲最高的，同時也推動女性接受高等教育，在一九八六—七年，女性已占全體在學大學生的五十五％。女性地位的改變也導致出生率和生育率降低，這讓古巴人的家庭規模比較接近典型先進工業社會，而不像其他拉丁美洲鄰國。

種族關係也有很大的進步。一九五九年以前，當初以奴隸身分來到島上的非裔古巴人非常受歧視。革命打破了制度化的種族歧視，一九七六年憲法明令禁止因種族或膚色的歧視。這在各方面都造成很大進步。教育機會平等尤其促成向上的社會流動，雖然非裔古巴人從事低薪工作的比例還是偏高。

社會改革強化了農村和城市地區對政權的支持，雖然一九七六年又出現經濟衰退，但一九八一年到一九八三年間的經濟成長率是七％，而拉丁美洲在同期間則是負成長。總體來說，一九七〇年到一九八五年是新政權在經濟、社會和政治上最成功的一段時期。

19 經濟互助委員會（Comecon）：對應於美國帶頭的歐洲經濟合作組織，一九四九年一月，由蘇聯、保加利亞、匈牙利、波蘭、羅馬尼亞、捷克斯洛伐克等國組成了政治經濟合作組織——經濟互助委員會，總部設在莫斯科。到其解散之前，是世界上貿易額僅次於歐共體的區域性經濟組織。由於東歐劇變，一九九一年六月，該會在匈牙利首都布達佩斯正式宣佈解散。本系列《共產主義》中有較詳盡的說明。

古巴新政權消滅貧窮、邁向平等的社會成就是耀眼的。尤其是醫療上的進步，讓古巴很快就擁有全拉丁美洲人均最多的醫生、護生和病床數——考慮到原來的醫生有半數在革命後逃出國，此一成就更為驚人。古巴醫療的特色是對城鄉平等對待。古巴因此成為拉丁美洲唯一有全國免費醫療制度的國家，服務的多樣性也很出色。這反映在平均預期壽命上，從原來在該區域第三名（五十九歲）上升為一九九二年的第一名（七十六歲）。同樣地，在嬰兒死亡率上也有進步，一九九〇年哈瓦那的嬰兒死亡率僅為華府的一半，而且美國醫療在質與量上有更強的階級和種族歧視。古巴在教育上的成就也同樣醒目，小學、中學、技職學校、大學一律免費，一九九〇年代的識字率達到九十六．四%。

然而，古巴也有若干潛在的問題。首先，一九八〇年代蔗糖價格大跌，加上蘇聯援助大幅減少，一九八六年的債務高達五十億美元。這導致更加依賴經濟互助委員會，占了古巴貿易總額的八十六%。其次，古巴政府也尋求和西方國家更多的貿易、觀光和外國投資，這能帶來外匯，但也帶來新的不平等，激起民眾不滿。第三，政府的策略有時不清楚，甚至自相矛盾，導致物價上漲、生活水準下降、工資小幅減少。與此同時，有些官員利用可動用外匯的特權為自己牟利，建立了非正式的權力網絡。一九八九年，有四名高官被公開處決，不少人坐牢或解職。

這些問題並沒有對政權造成重大危機，人民的支持度還是很高。但弱點的確存在，而最後的危機來自幾千里之外的巨變。

## 危機：蘇聯集團的崩解

東歐共產集團在一九八九年崩潰以及後續蘇聯解體對古巴是重重一擊。到一九九三年，GDP 掉了三十四．八%，幾個主要產業衰退更嚴重。美國顯然相信再多施點壓力就能終結這個政權，在一九九二年通過古巴民主法案[20]（一

20 古巴民主法案：一九八二年，美國國務院將古巴列為資助恐怖主義國家，一九九二年，老布希總統（George Bush）簽署《古巴民主法案》（*Cuban Democracy Act, CDA*），對古巴實施更嚴格的經濟禁運，企圖以經濟制裁終結古巴社會主義。這些手段包括嚴厲限制美元匯入古巴，制裁與古巴

九九六年又通過加強法案）緊縮禁令，擺明非要共產黨倒台不可。

結果是古巴經濟變成圍城，進入一段「特殊時期」。每個街區每天都會停電，生活必需品短缺，食物配給大排長龍。由於民眾每天要花很多時間來處理日常生活所需，生產力就不可避免地下跌，工廠也因為缺乏原料或零件無法運作。國家還是維持醫療與教育免費，但醫師要花時間取得設備或藥品，學校也欠缺基本運作所需。大學減少招生，轉而注重比較實用性的課程。

政府知道其經濟和社福體系無法這樣生存下去，於是更積極吸引外國投資，實行部分私有化。最重要的是，政府想把古巴轉型成主要的旅遊中心。這確實帶來經濟效益，但也有一些非常負面的後果。

一九五九年奪權後，卡斯楚幾乎立刻就終結了古巴做為美國附庸時的庸俗夜店文化。現在很多東西又回來了。觀光客湧入帶來顯著的經濟效果，一九九四年引進正式的貨幣雙軌制[21]。可兌換披索釘住美元，而國內工人的薪資則以古巴披索支付。古巴披索沒什麼價值，窮人多仰賴配給制度。其他領域也出現雙軌制。外國觀光客有各種特權（包括汽油分配），但多數古巴人都物資短缺。

同樣的，在觀光業工作的人能拿到獎金和小費，其他產業的人鮮少有這種機會。

華府擴大施壓讓日子很難過，而卡斯楚每隔一段時間就要動用暴力鎮壓，讓佛羅里達的古巴遊說團更有藉口不讓美國做出任何妥協。在這種狀況下，古巴政府在二〇〇三年四月逮捕七十五名異議分子、處決三名劫船逃往佛羅里達的人士，這顯示古巴政權只是在求生存，而不是向革命目標邁進。

但古巴政權的耐力驚人。古巴的生物科技和醫療輸出快速成長，在墨西哥灣發現石油是一條新的救生索，古巴也加強了與拉丁美洲國家的關係，和歐盟重建正常外交關係。然而，古巴政權的戰略方向依然不清楚。

---

進行貿易的國家，一旦有外國船隻在古巴港口停泊裝卸貨，該船隻六個月內不許進入美國港口，許多原料、藥品與食品無法輸入古巴，但卡斯楚政權並未垮台。

21〔譯註〕在雙軌制下，古巴有兩種貨幣：古巴披索（Cuban Peso, CUP）以及可兌換披索（convertible Peso, CUC）。古巴披索又被稱為古巴「國家貨幣」，大部分古巴國內消費以及薪資支付都是以此為主；可兌換披索多用於投資、觀光客消費等高額消費活動。可兌換披索幣值和美金相近，一美元可兌換約二十五元古巴披索。由於貨幣雙軌制加大了國內貧富差距，二〇二〇年十二月，古巴政府宣布將取消雙軌制，二〇二一年六月可兌換披索失效。

## 重生？

總的來說，卡斯楚很不願意讓過去的社會主義被稀釋掉，他試圖靠外部經濟援助來維持這個體系，尤其是委內瑞拉的查維茲左翼政權和中國。但不管要維持經濟還是取得足夠的群眾熱情和政治支持，都很不容易。

二〇〇六年，由於卡斯楚的病況日益加重，他的弟弟勞爾（一九三一—）開始暫時性接班。兩年後，勞爾完全掌權，並在二〇一一年掌握黨的領導權。他宣布二〇〇八年起要經濟改革，這些改革很快就證明是根本性而非漸進性的。二〇一一年黨代表大會通過了新經濟計畫，以解決生產力低落的問題。

改革的目標是要擴大私有部門，提供工作機會給數千名被國有企業解雇的工人。二〇一〇年到二〇一五年間，私有部門增長達兩倍以上，全部非國有部門雇用了三成的勞動力。二〇一六年，勞爾對黨代表大會提出另外一份文件，闡述了新的古巴經濟社會模式的理論基礎和基本特色。這份文件保證會繼續提供醫療、教育、社會安全、就業、住房和一些國家補貼。但它也承認經濟改革會帶來較大的不平等，不同的工作會有不同的所得。它也提到國有部門將逐步減少上百萬的工作機會，減少國家補貼，並逐步停止配給制度。

從純經濟角度很容易理解，為什麼勞爾．卡斯楚相信一定要做重大改革。二〇一一年的商品生產還低於一九八九年以前的水平，國家的工資太低，很多人寧願到非正式部門賺錢或乾脆移民（移民到二〇一三年才完全合法）。即使從政府的統計數字——很多人認為過於樂觀——來看，改革也遠未達到卡斯楚期望的目標。官方在二〇一八年承認，經濟成長率還不到所要求的一半。

政府曾經希望外國經援能部分替代蘇聯的角色，在歐巴馬任內最後兩年與美國快速改善關係也令人振奮。但到了二〇一九年，巴西和哥倫比亞陸續向右轉、委內瑞拉崩潰、川普總統扭轉歐巴馬的政策，在在使得古巴越加孤立。

從社會面來說，不平等的升高已成為大問題，最明顯的差距莫過於在賺觀光財、能拿到硬通貨的人和依賴國家的人之間。在二〇一七年，自營美髮師或旅館服務生的收入，至少是國家雇用的神經外科醫生的二十倍。由於降低不平等是革命的根本，這種倒退的確不容忽視。

這對種族平等也有負面影響，因為所有改變都對非裔古巴人不利。他們不太可能會生活在觀光客想去住宿的區域，比較沒有在國外的親人可以寄錢來幫忙做生意，無法享受高水平的醫療或給孩子請家教。

不平等的升高讓貧困族群不滿，受過教育的年輕人也不滿，他們想在古巴找比較高薪的工作，或到海外尋求新機會。事實上，沈浸在革命目標與價值的一代人與比較個人主義的「千禧世代」的分歧是一個很大的問題。這就很難再回到革命當初的團結一致。這些可以從保衛革命委員會實質上已解體，以及共產黨黨員在二〇一一年到二〇一六年間減少十八％看得出來。雖然現在有更多管道——包括社群媒體——可以表達多元意見，對人權和政治異議人士的騷擾、恫嚇和任意拘禁依然經常發生。

但這個體制還是展現強大韌性。在二〇〇〇年到二〇一七年間，古巴各項社會發展指標一直在進步，包括預期壽命、產婦死亡率和重要性別平等指標。總體而言，古巴在「人類發展指數」[22]中一直排名很高（二〇一八年在一百八十九個國家中排名第七十三）。在種族平等上也比這個區域的任何國家都要好。

拉丁美洲和加勒比經濟委員會二〇一六年的報告說，三十八・三%的非裔古巴人受過中學後教育或高等教育，其他古巴人則為四〇・六%。

但是，要維持和更新這個體制確實是巨大挑戰。除了經濟困難和國際環境變動之外，最根本的問題是能否為下一個階段找到足夠安全的社會和政治凝聚之道。

這並不是新問題，因為每隔一段時間都會爆發合法性危機，例如在一九七〇年的蔗糖大躍進之後，以及蘇聯集團崩解後的「特殊時期」。但問題在二〇一九年特別突出。首先，人民的物質利益和世界觀比過去任何時候都要分歧。其次，卡斯楚兄弟那種魅力型的革命權威終於走到終點[23]。

22〔譯註〕人類發展指數（Human Development Index，簡稱HDI）是聯合國開發計畫署（簡稱UNDP）於一九九〇年創編並按年公布之單一綜合指數，由健康、教育及經濟等三個領域之統計指標建構而成，用以衡量各國社會經濟發展程度。

23〔譯註〕費德爾・卡斯楚死於二〇一六年，他的弟弟勞爾在二〇二一年四月十九日的古巴共產黨第八次全國代表大會後辭去中央第一書記一職退休。

二〇一八年四月，勞爾辭去國家主席，接替者是米格爾・迪亞斯—卡內爾，他是革命後出生，在過去五年擔任副主席。年近九十的勞爾依然是黨的第一書記，但憲法改革已暗示未來要建立集體領導的模式。同年七月，新憲法草案出爐，向全民徵求修改意見。

這份草案維持了共產黨的領導地位，但在徵求意見後有數百處修改。有些修改是出於傳統派的力量，有些是因為年輕人要求更支持私有部門和藝術表現自由。十二月出爐的最終版本在二〇一九年二月交付公投，投票率是註冊選民的九成，支持者超過九十％。憲法試圖討好不同意見的人。為了討好傳統派，古巴的終極政治目標被定位為要向共產主義邁進，而支持同性婚姻的條文也在老一輩的社會保守心態下被刪除。原來的版本還禁止積累私有財產，這激起自營業主的反對，最後在文字上達成妥協，允許國家以個案方式來管制財產權。

現在尚難以斷定新領導人要如何在不同社會部門與各種不滿之間掌握方向。不過，雖然沒有可靠的民調證據，但在二〇一九年，大多數人似乎都不想換掉整個政權。古巴社會主義也許還能適應生存下去。

## 瑞典、古巴和社會主義

在社會主義的平等、合作、社會團結等目標上，瑞典和古巴都有卓越成就。很明顯地，這兩種制度截然不同，兩個國家也處於不同的發展階段。但兩者也有相似之處。首先，兩者的社會成就都有賴經濟持續成長，當成長出問題時就非常困難。把時間拉長就可以清楚看出，國內經濟無法自外於國際經濟的壓力。其次，雖然社會中比較貧窮的人都歡迎平等主義，但在這兩個國家，不是人人都喜歡平等主義。

瑞典的團結工資制度和高稅率在一九七〇和一九八〇年代遇到反挫，而近年來，大公司和高收入族群更持續把制度推向更接近典型的歐洲資本主義。而古巴自一九七〇年的蔗糖危機開始，就不時爆出對收入差距的爭議，近年來更對政權造成巨大挑戰。這些都顯示平等的目標並不是理所當然。第三，瑞典和古巴模式都已過了巔峰時期。

古巴和瑞典的經驗還有其他重大差別。卡斯楚革命對古巴加以改造的程度，遠勝於社會民主對瑞典的影響。瑞典的私人財產依然高度集中，任何轉變都需要和政治對手妥協，取得民間團體的支持。對照之下，古巴的改造則是由國家和黨由上而下推動，再取得人民支持。這個差異對於評斷這兩個國家是非常重要的。

在可見的未來，可以合理預期瑞典的自由民主將會持續下去，但我們無法確定其方向，尤其是它是會繼續往右傾，抑或讓早期的社會模式重獲新生？但我們對古巴就沒有這樣的信心。美國政府通常理所當然地認為，只要多施加壓力，多數古巴人民就不會再支持這個政權，川普最近也加強了制裁。然而，很多人認為這個體制應該會漸變而非突變。

把瑞典和古巴經驗放在社會民主和共產主義更大的歷史脈絡中考察是很有益的，我在第四章將討論這一點。瑞典模式已經過修正，但依然保有其特色，而在多數歐洲國家，社會民主正面臨危機。

拿古巴經驗和其他共黨政權比較更具啟發性，因為在其他地方，共產政權都是過去式而非現在式。蘇聯集團在一九八九年到一九九一年迅速崩解後，共產主義的國際運動已經消失，雖然還有些國家依然如此自稱，例如中國。

在二十世紀多數時間，尤其是一九四五年到一九九〇年間，共產主義和社會民主是社會主義的兩大主流傳統，但第四章將會談到，新形態的社會主義已經出現。而在此之前，有必要先討論一九五〇年代中開始的所謂「新左派」對這兩大主流傳統的挑戰。因為這些運動的遺產也影響到當代。

# 第三章　新左派——充實與分裂

「新左派」的崛起挑戰了共產主義和社會民主的理論和組織模式，迎來直接行動的時代。最具象徵性的就是一九六八年五月由巴黎學生領導的「五月風暴」[1]，類似的事件也在世界各地爆發。新左派不是一個一致的運動，而是在

1　五月風暴：一九六八年五月始於巴黎郊區的學生運動，隨後引發總罷工，巴黎陷入了嚴重騷亂。當時法國學生人數比起十年前成長三倍，但社會仍受傳統束縛，專制且等級森嚴，越戰畫面占據新聞，切·格瓦拉和毛澤東成為青年的偶像。三月，美國運通在巴黎市中心的辦公室遭到襲擊，幾名學生被捕；幾天後巴黎大學Nanterre校區舉行支持學生的抗議活動，更多人被捕，三月二十二日學生占領校園要求釋放被捕者。五月初院長關閉校園，學生轉進巴黎拉丁區的索邦大學，學生遊行被禁止，示威抗爭日漸升溫，抗議已達數萬人，五月十日，學生搭建街壘與警察激烈對抗，造成數百人受傷、被捕後，各工會組織發動數百萬人總罷工支持，騷亂持續至六月才平息。

主流傳統之外各種理念和勢力的集合。共產主義和社會民主都假設有組織的工人階級是最重要的，但現在這個假設在理論和實踐上都受到挑戰。新左派也伴隨著對舊傳統的重新發現，包括長期被蘇聯教條淹沒的對馬克思主義更「人性」的詮釋，以及各種新知識流派。

一般都把一九五六年視為新左派崛起的關鍵年分。對共產主義來說，理由是很明顯的。當年二月，蘇聯領袖赫魯雪夫在黨代表大會上批判史達林，十一月時又聯合其他衛星國家入侵匈牙利，以確保匈牙利繼續忠於蘇聯集團。這兩個事件導致共產黨員前所未有的脫黨浪潮，尤其是在西歐國家，許多人在尋求新的結盟。而社會民主就沒有這樣的重大事件，因為社會民主沒有一個中心，每個國家的政黨都有自己的軌跡。事實上，社會民主真正的危機是後來才伴隨著經濟成長停滯、一九七〇年代後的經濟國際化而來，這在第四章會有討論。然而，由於莫斯科從一九一七年起就是馬克思主義的中心，冷戰也加強了這種印象，共產主義的危機就必定會影響到社會民主。

前共黨異議人士鼓吹要重新認識馬克思主義，尤其是那些從未支持過蘇聯的左派人物。另有一些人覺得社會民主太謹小慎微，轉而投入新形式的議會外政治，在各個層面挑戰既有的理論與實踐。反對只重經濟正統教條的馬克思主義思想家在新左派中極有影響力。尤其是一群合稱為「法蘭克福學派」的理論家（以一九一八年到一九三三年的法蘭克福社會研究所為名）被重新發掘，他們強調在社會改造上，意識要比階級更重要。

馬庫色（一八九八—一九七九）格外重要。在《愛欲與文明》（一九五五）一書中，他汲取馬克思和佛洛伊德的概念，主張社會解放和性的解放；而在《單向度的人》（一九六四）中，他認為工人階級已完全被整合到先進工業社會了。革命性的變革現在只能靠「局外人」，包括少數族群和激進派知識分子。雖然他的著作深奧晦澀，其「訊息」卻和一九六八年的運動相契合。在與既有權力結構和性習俗對抗時，學生可以引用馬庫色來合理化他們創造新世界的渴

---

五月風暴之後，法國社會發生了翻天覆地的變化，對社會政治文化的影響都相當重大，不僅提供一個新的詮釋視角研究存在問題，也打開一扇通往包括女權主義、生態和同性戀權利等社會解放新領域的門窗。

望[2]。

另一名備受讚譽的早期人物是葛蘭西（一八九一——一九三七），他是義大利共產黨領袖，一九二六年被墨索里尼下獄至死。他的獄中筆記深刻地討論到，資本主義的宰制（尤其在西歐）在很大程度上既仰賴理念和預設，也仰賴赤裸裸的權力。他強調社會主義者要用不同的理念、預設和文化結構來創造新的「常識」（common sense）及「反霸權綱領」（counter-hegemonic project）。他所強調的東西和斯圖亞特・霍爾[3]、雷蒙・威廉姆斯[4]等思想家相似，使得許多新左派把「政治」的定義擴大到文化領域。他們也更關注馬克思思想中被第二和第三國際忽略的面向。馬克思的「異化」理念可以把意識領域和經濟剝削相結合，在一九六八年的革命時代尤為重要。

但新左派並不總是很理論性的，也不一定是社會主義者。例如，新左派支持核武裁軍運動，這是英國在一九五〇年代末和六〇年代初最大的運動。抗議者皆是出於道德義憤，而不是傳統的社會主義理念。更廣泛的說，一九六〇年代末和一九七〇年代還有各式各樣的直接行動運動，包括占屋運動[5]、租屋者運動、女性運動。有些人是基於一貫的社會主義理念，有些人是基於無政府主義，但也有很多參與激進政治活動的人並不自認為社會主義者。國際情勢的發展也是激起這些運動的關鍵因素。當時最大的議題是反對美國帶頭攻打北越，這在世界各地都激起大規模示威抗議。但在一九六八年八月，蘇聯及其社會主義盟國入侵捷克斯洛伐克，阻止其走向較多元主義的共產主義模式，這讓新左

2〔譯註〕在法國五月風暴中，馬庫色（Marcuse）與馬克思（Marx）、毛澤東（Mao Zedong）並稱為「3M」。

3 斯圖亞特・霍爾（Stuart Hall, 1932-2014）：出生於英屬牙買加，一九五一年赴牛津大學留學，一九五八年擔任《新左派評論》編輯，一九六四年加入伯明罕大學現代文化研究中心，六八—七九年擔任中心主任，擴大文化研究領域。霍爾反駁馬克思「統治階級」的觀念，認為「意識形態」不完全是屬於特定階級，而是要去反思意識形態從何時開始與特定的階級相互鏈結，何以我們視其為理所當然。

4 雷蒙・威廉姆斯（Raymond Williams, 1921-1988）：英國威爾斯社會主義作家，小說家和評論家，在新左派和文化研究領域頗有影響，為馬克思主義對文化和藝術的批判做出貢獻。

5〔譯註〕占屋是指占用閒置或廢棄的空間或建物，而沒有一般法律認定的擁有權或租用權。占屋在二次世界大戰後曾在數個國家形成社會運動以彰顯土地使用或都市計畫的社會不公，而不少國家以刑法將占屋視為侵權的行為起訴占用者。

派和親蘇共產黨人的鴻溝更加擴大。

另一方面，有些社會主義抗議者其實並不屬於「新左派」。許多自稱是革命派馬克思主義者的團體現在都質疑共產黨，但許多小黨一方面認為蘇聯背叛了革命，一方面又堅持只要先鋒政黨路線「正確」，還是能建立社會主義。其中有許多人是受托洛茨基啟發，他認為當史達林背棄不斷革命的目標、試圖在一國建立社會主義時，就開始走向腐敗。也有人崇拜毛澤東，強調群眾的革命潛力、嚴防蘇聯的「修正主義」。托派和毛派政黨各式各樣，在當時許多示威抗議中扮演積極角色。

到了一九七〇年代，新左派激發出新的社會運動，他們認為主流的社會主義理論與實踐是不正確的，主張要擴大社會主義的範圍來加以充實。然而，正統派捍衛者害怕過度耽溺於這些問題會造成分裂，破壞整個社會主義的大計。雙方無疑都是對的，社會主義現在的確越來越難定義。過去確定的東西崩解了，社會主義失去了中心。

到了一九九〇年代，世界已大大改變，對年輕一代來說，一九六〇年代是遙遠的過去。但此時也發展出新的直接行動形式。其中一個重點是「全球化」。這個詞現在被廣泛使用，定義多樣，但主要含意是移除貿易障礙、鬆綁國內管制、所有經濟體都要開放面對國際競爭壓力。全球化的擁護者說開放市場對每個人都有好處。但鼓吹這種新教條的是世界主要經濟體的G7集團、世界銀行、世界貿易組織（WTO）、國際貨幣基金。事實上，這種形式的全球化是相當不平等的，不管在國家內部還是全球範圍。在先進資本主義國家中，又以美國國內的不平等最為嚴重，而新全球正義運動的一個重大事件就發生在美國。

一九九九年末，大約四萬名示威抗議者群聚在西雅圖，讓世界貿易組織無法開會。媒體試圖用少數暴力分子來抹黑這場運動，後續對這類抗議活動皆如此報導。然而多數人其實是和平示威，反對當代資本主義的性質或某些面向。就像早期的新左派，新一代直接行動者大多和主流政黨無關，也不喜歡正式的組織，但跨國性更高。藉由網路和社群媒體之便，二十一世紀的抗議者相當了解全球局勢的發展。他們有辦法立即動員人出來示威或採取其他行動，在國際上取得支持。

在這個意義上，西雅圖示威是後來各種直接行動的先聲。二〇一一年九月在紐約市金融中心的「占領華爾街」運動也相當具有國際意義。抗議的主軸是針對日益擴大的不平等、權力與財富往頂端集中，關鍵口號是「我們都屬於百分之九十九」。這個行動的國際意義清楚可見，到了十月，全世界至少有七百五十個城市都出現「占領運動」。）

同樣地，紐約這場占領運動也受到國際局勢發展的影響。二〇一一年是所謂「阿拉伯之春」[6]的一年，群眾行動讓中東獨裁者紛紛倒台。開羅解放廣場在一月和二月份那場反對埃及領袖穆巴拉克的示威抗議激發了美國人的行動，五月份又激起一場反對西班牙政府經濟政策的大規模占領行動。

和早期的新左派一樣，這類示威抗議挑戰既有的預設，但其脈絡又有非常大的不同。在一九六〇和一九七〇年代，正統派捍衛者害怕這種直接行動會讓社會主義失去中心和分裂。但在二十一世紀之初，許多示威抗議者根本沒把社會主義放在心上。本章將集中考察橫跨這整個時期的兩個案例——女性主義和綠色運動。

## 女性主義

既然社會主義的核心價值是平等、合作和社會團結，似乎理所當然也該重視女性的社會地位。但社會主義者並不必然是女性主義者，這兩種理念和運動的關係相當複雜。

在十九世紀末和二十世紀初，女性爭取投票權有一段漫長的運動史。這通常被稱為「第一波女性主義」，而新左派時代則屬「第二波」。

後來有些女性主義者認為這兩波截然不同，第一波局限於公民和政治議題，第二波則擴大到社會、經濟和性別議題。但這種區分過於簡化，且社會主

6 阿拉伯之春：二〇一〇年十二月突尼西亞小販因抗議警察暴力而當街自焚，此行動引發大規模街頭示威及爭取民主運動，導致掌權二十三年的獨裁總統班・阿里（Zine El Abidine Ben Ali）於隔年一月垮台；外界以突尼西亞國花稱這場人民起義為「茉莉花革命」。以此起點形成席捲阿拉伯世界的反政府運動，即為阿拉伯之春，埃及、利比亞、葉門、敘利亞等國都受到不同程度的影響，數個政權被推翻，軍事強權垮台之後的脆弱民主，極端宗教主義趁機而起，多國也陷入內戰動亂，影響迄今仍未結束。

義的女性主義和非社會主義的女性主義並非涇渭分明，兩者的界線是浮動的。新左派的女性主義受到早期社會主義理念和更廣泛的女性主義理念影響，而一九六〇和七〇年代的「第二波」又影響到後來的發展，涵蓋了多種多樣的觀點。

有一些早期社會主義者曾努力把男女的角色和關係整合進其思想和實踐中。十九世紀的烏托邦社會主義者勞勃・歐文反對「宗教迷信」和基督教的婚姻觀，認為傳統家庭單位是合作的障礙。歐文主義者自己設計了一套兩性結合的形式，用儀式來強調平等和合作。與歐文同時代的傅立葉以古怪的方式進一步主張性解放，他認為任何形式的性關係都是正當的，試圖在其法郎吉公社為性找出路。然而，對後來社會主義的女性主義理念產生更大影響的是馬克思主義理論。

馬克思的著作的確有談到女性，他也意識到女性受經濟和家庭的雙重壓迫。但總的來說，他傾向認為女性的地位是社會和經濟體制的反映。是資本主義讓女性屈於從屬地位，只有社會革命才能讓女性從事創造性的勞動。雖然有很多材料指出，馬克思對工人階級的看法未必那麼以男性為中心，但馬克思從未提到女性可以是變革的行動者。馬克思的分析還有一個缺點是，他的勞動範疇只有生產食物和物質產品，不包括生兒育女。他假定了資本主義的生產活動和家庭活動的分工是永恆的，等於是把當時的男女階層體系置於他經濟理論的核心。

馬克思死後，恩格斯在《家庭、私有制和國家的起源》（一八八四）一書中更完整地解釋女性的地位。他認為性關係是男女角色最原始最重要的因素，而女性在最初是主導者。女性維持主導地位一直到家庭建立，因為部落的生存有賴於必要的再生產，而女性生產初級的物品——被褥、衣服、烹飪器具等等。他宣稱，等到由男性控制的家畜和飼養動物在經濟上越來越重要後，一切就改變了。當男性主導了生產過程，創造出私有財產制後，兩性間的權力關係就移轉。男性要把財產傳承給自己的後代，把女性束縛在家中。恩格斯認為，這表示要解放女性，就必須廢除私有財產制。

如同後來許多女性主義所指出，恩格斯有些假設根本未經解釋。除非在私有財產出現之前兩性就有分工，否則為什麼是由女性負責被褥、衣服、烹飪器具？為什麼是由男性負責飼養家畜？如果這種性別角色的差異在私有財產出現之前就存在，那為什麼終結資本主義就必然能解放女性？在布爾什維克革命後，這些問題有了實踐上的重要性。

蘇維埃新政權幾乎立刻賦予女性完整的公民權利，以經濟獨立和工作權（及義務）為性別平等的基礎。勞動法令規定同工同酬和其他保障，新的家庭法取消了父親在家中的主導權，民事的結婚和離婚以自願為基礎，私生子地位合法化，墮胎也合法化。但一些緊張衝突也隱然浮現。

克拉拉．蔡特金（一八五七—一九三三）是德國共產黨創黨黨員，一九二一年當上共產主義婦女國際[7]的書記，此後大部分時間都在蘇聯生活。但布爾什維克革命後不久，列寧就譴責她在「第一個無產階級專政的國家受著全世界反革命勢力的包圍」時，卻在鼓動女性共產黨員討論性別問題。更具歷史重要性的是亞歷山德拉．柯倫泰（一八七二—一九五二），她是首位蘇維埃社會福利政委，推動了布爾什維克早期的改革。

柯倫泰結合經濟學和社會心理學來解釋女性的地位，深度遠超過恩格斯。

一九二〇年，她領導共產黨內一個特別部門（蘇共中央委員會書記處婦女部），致力於女性議題。一九二二年之前，她創立了托兒所、日照中心、婦產科醫院、餐廳等等，減輕婦女在工作和家庭兩頭燒的負擔。她也指示婦女部人員要教導婦女權利，防止男性員工侵害，鼓勵婦女參與各層級的決策。她撰文闡述社會主義下的兩性關係，鼓吹完全摒棄現有的家庭結構，支持基於吸引力的愛情和共同致力於創造一個新社會。她還呼籲要由社區共養小孩，要共產黨人把家庭革命掉。然而，蘇聯領導人並不接受她的理論和政策。一九二二年，她從婦女部下台，此後婦女部就轉而從事比較傳統的「照顧」工作，例如家務和養育工作的社會化、提供社會服務、食物分配、照料在內戰期間傷殘的人士。一九三六年，史達林禁止墮胎，並限制離婚。

在二次大戰後，女性在蘇聯集團的地位要比西歐國家高得多（北歐國家除

7〔譯註〕共產主義婦女國際是共產國際下屬的國際婦女運動組織，成立於一九二〇年。一九二五年改組為共產國際執委會婦女部，遷往莫斯科。

外），不管在高等教育、專業和政治地位上都是。但柯倫泰對家庭本身的質疑卻少有人再關注。例如，在一九八九年的東德，〇到三歲兒童有八十·二%在托兒所，三到六歲兒童有九十五·一%在幼稚園，但政府還是假設女性的主要角色是在家庭。政府的目標是「更成功地調和她們的工作負擔以及對子女和家庭的義務」。

社會民主主義的紀錄也不令人滿意。第二國際的社會主義者不太情願和女性投票權運動結盟，只強調要用家庭之外的就業來解放工人階級的婦女。實際上，這些政黨的實踐和潛在預設都是非常保守的。在兩次大戰期間，婦女被投入過去專屬男性的工作，但戰後又被趕回家扮演傳統角色，而社會民主黨人和其他政黨的立場沒什麼不同。雖然福利國家的發展在經濟上有利於工人階級的婦女，但體制上都預設男性要養家活口，而女性繼續做家務。多數社會民主黨人對那些喜歡強調女性遭受個人或性壓迫的人也很冷淡。總體來說，由男性主導的勞工運動傾向把這些人看成中產階級的女性主義者，她們關心的東西對大多數女性並不重要。

但二戰後，女性在先進資本主義社會的地位變化得非常快。女性就業大增、教育機會增加，這就帶來更大的渴求，和普遍的社會預設發生衝突。節省家務勞動的機器讓女性多出時間從事別的活動，新式避孕藥讓女性不再懼怕懷孕。這些改變最後累積為一九六〇年代末的「第二波女性主義」。

這時期的女性解放運動涵蓋各種政治立場，但許多社會主義女性主義思想家對恩格斯關於女性地位的說法提出質疑。在戰後極具影響力的著作《第二性》（一九四九）中，西蒙．波娃（一九〇八—一九八六）認為女性在男性宰制的世界中淪為「他者」，就算打破私有財產制也沒用。她認為社會主義是女性解放的前提，但後來許多女性主義者批評她接受男性的世界觀，而不是將其改寫，因為她主張女性應該完全投入傳統男性所追求的事業來超越其「他者性」。

茱莉葉．米切爾在《新左派評論》的〈女性：最長的革命〉（一九六六）一文中，更嚴格檢視馬克思主義理論。她提出女性所受的壓迫既來自意識形態，也來自她們在資本主義體系中的位置。這表示社會主義不會自動解決她們的處境，因為這既需要意識形態的革命，也需要生產體系的改造。還有人認為馬克思主義根本就無關宏旨，例如凱特・米列（一九三四—二〇一七）在其大作《性別政治》（一九七一）中所主張。她認為性別關係是來自權力，並由意識形態和「父權」社會結構所支持，和經濟結構無關。社會主義者——尤其是馬克思主義者——反對這種說法，但一九六八年的經驗及其後續發展對此產生重大影響。

主導該運動的意識形態是參與式民主，拒絕傳統階層組織。但正如傑夫・艾利所指出：

一九六八年，女朋友和妻子陪著男朋友和丈夫一起參與。她們準備咖啡和食物、作筆記和記帳。她們負責實際工作，但男性卻負責決策、籌畫、接受鎂光燈。這完全違背一九六八年運動反階層化和參與的理念，這種被視為理所當然的狀況激起了憤怒。

結果是，女性主義運動在許多先進資本主義國家蓬勃發展。她們投入傳統社會主義者關切的議題，包括女性參與工會的權利、同工同酬，以及更廣泛的在社會、經濟、政治和文化上的平等。但女性主義者還採取新的組織型態，通常是由女性組成小團體各自發聲，並在集體行動時互相支援。典型的作法是用聚會來「提高意識」，鼓勵女性分享自身經驗、更有自信的表達看法、參與集體決策。這種路徑最具代表性的口號是「個人即政治」（the personal is political）。這也許就是克拉拉．蔡特金對列寧的反駁，因為性別、關係和家庭經驗都是高度「政治」的[8]。

女性運動的典型結構是人脈網絡而不是正式組織，這也是「運動」這個詞

8〔譯註〕當列寧指責蔡特金浪費時間在討論性別問題時，蔡特金曾回應說：「性和婚姻問題，在私有制的資產階級社會裡，引起社會各階級和階層的婦女所要遇到的多種多樣的問題、衝突和苦痛。戰爭及其後果又已大大地加劇了婦女正是在性的問題上的衝突和痛苦，暴露了以前對婦女隱瞞著的問題。此外還加上已經開始的革命的影響。感情和思想的舊世界已經開始動搖了。舊的社會關係在發生混亂和破壞，有在人與人之間開始形成新的關係和看法的趨勢。對於這些問題感到興趣，正表示需要啟發和重新明確方向」。見蔡特金的〈列寧印象記〉https://www.marxists.org/chinese/clara-zetkin/reminiscences-of-lenin/marxist.org-chinese-zetkin-1924-1925.htm

的意思。她們強烈反對階層化和官僚化的正式組織，包括政黨和工會，強調參與、從經驗中學習和在地行動，以及針對特定議題發起全國性和國際性的運動。例如，一九七六年布魯塞爾打擊婦女犯罪國際法庭激起了旨在終止性暴力的「討回夜晚」運動，在許多國家造成回響。

第二波和新左派的女性主義思想對女性受壓迫的來源提出多種解釋，擴大了社會主義的理論和組織概念。但到了一九八〇年代，運動開始退潮。其中原因很多，但最重要的是，英國首相柴契爾夫人和美國總統雷根開啟了「新自由主義」時代。他們用權威和「傳統家庭價值」來反對「第二波女性主義」鼓吹的自由和解放。新自由主義者認為，女性可以透過個人志向和選擇來達致成功，不需要什麼集體團結合作。但這一切都決定於經濟環境的變化。

一九六〇年代正值先進資本主義國家經濟高速成長。「第二波」女性主義都假定這會持續下去，女性可以也應該分享成果。社會主義的女性主義者強調要透過再分配達致平等。但一九七三年後，經濟成長停滯，失業率升高。在艱困的經濟環境下，就很難再對女性的完全解放和賦權保持信心和樂觀。

女性主義運動中長期存在的分歧也隨之擴大。例如，女性主義該不該把男性包括在內？女性主義該支持政黨還是完全不和政黨有瓜葛？所有女性都該從屬於同一個運動，還是依不同階級和種族屬於不同團體？社會主義女性主義者強烈自許為更廣大的左翼運動的一部分，具有共同的價值和目標，但新自由主義削弱了女性主義和社會主義的團結。

新的挑戰進一步導致一九九〇年代中的「第三波」女性主義。這一波的特點是，深刻質疑女性因為有共同的特性和需求就該有集體認同的假設。其中一個重點是批評新左派女性主義只注重先進資本主義社會中女性的需求。社會主義女性主義者的原則是追求全球女性團結，但北半球的女性主義者真心接受女性解放具有多樣性嗎？抑或根本只是「西方觀點」？

莫汗悌在一九八四年的一篇重要文章——〈在西方視角下：女性主義學術與殖民論述〉——提出了這個問題，對開發中國家的女性都受到同樣壓迫、需要西方去「解救」的觀點提出強力批判。莫汗悌主張要真正去理解女性在不同社會的不同經驗，追求自由解放的方法也有各式各樣。這個主張在二十一世紀依然切題，許多南半球的女性逃離了貧困和戰亂，卻在歐洲遇到新的壁壘，西方女性主義長期以來的假設經常和其他文化和宗教傳統發生衝突。

少數種族女性的問題也帶來挑戰。尤其是英美許多黑人女性都認為，白人女性主義運動並沒有觸及她們所面對的特殊歧視形式。由於身受種族、性別和階級三重形式的壓迫，她們時常自組完全獨立的團體。金伯利・克倫蕭在一九八九年一篇重要文章中，開創性地處理了多重壓迫的問題，提出「交織性」這個後來相當重要的概念。

克倫蕭認為，美國現有反性別和種族歧視的法律無法解決低收入黑人女性的困境。這些法律只處理單一面向的歧視——若非種族就是性別，但克倫蕭證明，這些法律主要是為了較具優勢的人而設（亦即黑人男性或白人女性）。然而，貧窮的黑人女性因為兩個面向交織而面臨雙重壓迫。克倫蕭從根本指出了社會結構和壓迫來源的多重性。

在過去，許多社會主義的女性主義者害怕，分殊性認同團體的發展會損及女性的團結和集體行動。但克倫蕭的交織性概念不是在鼓吹分殊發展。她強調，處理種族歧視和性別歧視之病不能採取「由上而下」的方式，而是要從「解決那些最弱勢者的需要和困難」開始。這也是「拒絕把個人經驗區隔化、損及集體行動的最有效方式」。在實踐上，利益和理念的交織可以匯聚為集體行動。

二〇一七年一月川普總統的就職典禮所引發的全球性「女性大遊行」就是一例。這是美國史上最大單一日的示威抗議，全球各地都有遊行活動，估計總人數有三百三十萬人到四百六十萬人。這場示威聚集了各種團體。有些團體主要關心女性相關議題，其他也有關心種族歧視、移民管制、和平、氣候變遷的團體。當大家都感受到其價值和目標受威脅時，交織的利益促成各團體與個人的結盟和相互影響。

這次示威抗議者的團結、平等、權利、正義等理念，及其對壓迫來源的解釋，都和一九六〇和一九七〇年代很像。也有人試圖把上一世代社會主義的女性主義理念與新世代的主題相結合。於是在二〇一九年，三位女性發表了《屬於九十九％人群的女性主義：一份宣言》，試圖打破「認同」與「階級政治」的長久對立。她們想「把現有和未來的運動團結成廣泛的全球起義」。然而，新左派和「第三波」女性主義的相似性也不宜過於誇大。兩個時代的總體環境改變很大，在意識形態、理論和一般的假設上也有極大的差異。然而，這兩個世代加起來已帶來根本性的變革。進步從來就不是直線的，也永遠都不夠，但現在的社會主義，不論在理論或組織形態上已不可能像二十世紀上半葉那樣被男性所主導。

## 綠色社會主義

自一九七〇年代起，綠色政治的興起對傳統社會主義構成更進一步挑戰。綠色理念的特點是重視對環境和生態的威脅，但它和女性主義一樣提出了不同的政治和經濟模式，偏好分權式的社區組織、小規模的科技、去階層化和去官僚化的民主形式。

綠色思潮長久以來就存在社會主義之中。許多烏托邦社會主義者都想重建被資本主義工業化所摧毀的農業社會，就連勞勃·歐文也是小規模生產的擁護者。熱衷於工業化的也許只有聖西門。同樣的，無政府主義者如普魯東和巴枯寧之所以反對資本主義，部分原因是因為他們相信，資本主義摧毀了以鄉村合作關係為基礎的「自然」的人類交往。

雖然大多數歐洲國家的社會主義者後來都接受了工業社會，但早期的傳統依然留存。例如，二十世紀初英國的行會社會主義運動就試圖把中世紀的工匠行會和現代工會結合起來。其中一位思想家亞瑟・潘蒂[9]提出「後工業社會」一詞，呼籲應大幅縮小大工業的規模，改為在公社中進行小規模生產。

當然，許多非社會主義者也關心這些議題。有些批判工業革命的人是非常保守的，現代環境生態運動也跨越傳統政治陣營。瑞秋・卡森（一九〇七—一九六四）的《寂靜的春天》（一九六二）一書當然是很激進的。這本書尖銳批判了使用合成殺蟲劑的的災難性後果，在美國激起草根運動，影響到全世界的環

9 亞瑟・潘蒂（Arthur Joseph Penty, 1875-1937）：英國建築師和公會社會主義者。原為費邊社會主義者，主張漸進溫和的改良主義方式來走向社會主義，他制定了中世紀行會的基督教社會主義形式，以此作為替代資本主義經濟生活的模式。

境和生態抗議浪潮，包括左翼分子在內。然而，其他重要著作和社會主義就沒有太大關聯。

一九七二年，羅馬俱樂部（聚集了現任和卸任國家元首、聯合國官員、高層政治人物、政府官員、科學家、經濟學家、企業家）發表的《成長的極限》就是如此。這本書總共賣出三千萬本，是史上最暢銷的環境著作。它認為目前的發展速度必然導致資源枯竭，人類要採取行動來防止「過度發展和崩潰」。同年度還出版了另一份重要報告《生存的藍圖》，但其主要作者愛德華・戈德史密斯是政治光譜上的右派，他呼籲人們應該生活在小型、地方性、大致上非工業化的社會。

所以，一九六〇和一九七〇年代興起的綠色思潮不是只源於左派，但新左派很快就加以擁抱。其中一個重要原因是，主流的社會主義傳統都不肯放棄長久以來對工業成長的假設。在一九七〇年代初的經濟衰退時期，社會民主派還是相信要擴大政府支出來恢復完全就業。共產主義不接受根本性的改變，蘇聯集團製造業更是惡名昭彰的毒害環境。這種毫不關心工業成長對環境影響的態度，乃是一九八六年烏克蘭車諾比核災的主要原因之一。社會民主和共產主義都以工業成長為優先，都傾向忽視環境和生態危害的大量證據，視其為反對社會主義的宣傳。

這種自滿和否認的態度刺激許多新左派擁抱綠色理念，但其中還有別的原因。綠色運動最發達的德國是這個普遍趨勢的顯例。當時的氛圍是：反對德國社會民主黨與保守派（基督教民主聯盟）在一九六六至一九六九年間的大聯合政府；對官僚和科層組織的不滿；一九六八年的大規模示威抗議。但催生綠黨在一九八〇年成立的關鍵因素是反核運動。

綠色運動和政黨快速擴展到各地，雖然它們的意識形態不同，但都激發了對環境和生態危機的強烈意識。他們也批判主流的經濟和政治組織的模式，其主張可概括為「永續性」一詞。

自一九八〇年代末開始，有越來越多證據顯示情況危急、非改不可。世界環境與發展委員會（布倫特蘭委員會）在一九八七年發表重要報告，強調各種生態和環境威脅相互關聯。這份報告再加上綠色團體和運動人士的壓力，讓這些議題在國際上大受矚目，強調要改用綠色能源、廢棄物再利用、改變消費模式等等。接著又出現抵制危害環境產品的運動（如殺蟲劑和基因改造食物），以及遊說禁止投資石化產業。

最具變革性的議題，乃是人們愈益認識到氣候變遷的災難性後果。自一九七〇年代起，全球暖化越來越受到科學界關注，一九八八年多倫多的世界氣象組織大會是個重要的轉捩點，設立了跨政府氣候變化委員會（IPCC）。一九九二年，里約地球高峰會通過《聯合國氣候變遷公約》（UNFCC），成為氣候行動的國際條約。一九九七年的《京都議定書》首次為已開發國家設定排放目標。但雖然其後多次試圖強化《京都議定書》，二〇一五年的《巴黎協定》又設定全球暖化要「遠低於」攝氏二度的目標，但氣候危機還是越來越緊迫。

到了二〇二〇年，暴風雨、洪水、高熱等全球極端氣候的科學證據和具體感受，讓氣候變遷成為最重要的時代議題。二〇一八年末，IPCC警告全球氣溫將在二〇三〇—二〇五二年間高出前工業時代攝氏一．五度。一旦達到攝氏二度，動植物的壽命將大幅縮短，許多低地臨海地區和島嶼將無法居住，千百萬人無家可歸。氣候變遷也將導致暴力衝突，從南半球到北半球的移民潮，並加劇貧窮和不平等。

這些危機讓綠色思潮對社會主義（及所有政治立場）的挑戰在質與量上大幅轉變，針對議題的直接行動也越來越多。世界各地都出現對跨國公司危害傳統生活方式的抗議行動，從北極圈的伊努特人、尼日河三角洲的奧格尼人，到散落在世界各小島的傳統部族等等，不勝枚舉。此外，一九九九年西雅圖群眾運動中有一股重要思潮專注於各種環境和生態威脅，「氣候正義」運動也就此誕生，並在二十一世紀越來越活躍。

這個運動和當代女性主義都具有跨國性，對年輕人尤具吸引力。二〇一八年又出現新的動力，童貝里發動全球學生罷課，讓世界各國政治人物和政府都感受到問題的急迫性。

然而，抗議運動的網絡經常是跨越世代的，例如二〇一九年春天和秋天，封鎖倫敦市中心道路和橋梁的「反抗滅絕」[10]運動即為如此。

事實上，在氣候變遷議題上，運動人士和傳統政治角色（例如社會民主政黨）的對立並沒有那麼鮮明。許多運動人士都接受，終歸只有政府（包括地方政府）才能實行必要措施來阻止氣候變遷。正因如此，童貝里才要花偌大力氣去說服全球的決策人士，甚至搭乘帆船花費十五天橫跨大西洋去參加聯合國氣候對話。而那些主要在體制內的人士，也歡迎直接行動的外在壓力讓他們有力量去推動作為。

然而，運動人士和傳統政治角色對於要改變到什麼程度確實大為分歧。在某些層面上，這乃是早期主流社會主義拒絕綠色人士激進變革訴求的延續。總的來說，社會民主政黨和政府就算接受了人類要對氣候變遷負責的科學鐵證，還是遠比運動人士小心謹慎。他們傾向用賦稅、定價、法規、指標等方法來促成改變，而不是激烈變革。

無論如何，二十一世紀的情況已大有進步。在早期面對綠色挑戰時，許多人相信這是社會民主根本無法處理的難題，因為限制工業發展會傷害到就業和福利政策的根基。相反地，曾出版過許多綠色經濟著作、二〇〇七年到二〇一〇年擔任英國工黨政府政策顧問的邁克爾・雅各布斯（一九六〇—）則提出，社會民主制度特別適合面對當前的環境挑戰。他認為在歷經一九三〇年代的資本主義危機之後，唯有靠階級合作才能建立戰後的福利國家，現在也要靠類似的合作才能既處理財政緊縮的問題，又能把綠色訴求融合進當代社會民主的經濟政策之中。更普遍的說，現在的社會民主已越來越嚴肅對待這些議題。例如二〇一九年，歐洲社會民主在總體上（以跨國性的歐洲社會黨[11]來說）都比過去更加重視綠色變革的訴求，雖然其實際作為還是落後於其雄心壯志。

當氣候變遷被承認是急迫性問題時，政治環境也改變了。第四章將會談到，社會主義和社會民主政黨在二十一世紀的第一個二十年遇到越來越大的困境，經常必須和綠色政黨和綠色運動結盟。在思想上也有部分融合——通常被

10 反抗滅絕：二〇一八年，英國約有一百名學者在十月簽署行動，呼籲政府正視氣候與生態的緊急狀況，十一月組織的首次集會中，約六千人參與行動，堵塞倫敦五座主要橋樑數小時，造成交通中斷。之後又發動數起抗議活動與示威，以被拘捕作為其抗爭手段之一。

11〔譯註〕歐洲社會黨是歐洲議會內的一個政黨團體，一九九二年成立，其成員是歐盟及周邊國家的社會民主主義政黨。

稱為「紅綠」聯盟。即使是在選舉制度限制綠黨成長的英國，在理論上也有這種發展。二〇〇八年，來自左派不同陣營的經濟學家和環境主義者發起了「綠色新政」，以應對金融危機和氣候變遷。二〇一五年，該團體成員安・佩蒂福進入工黨經濟顧問委員會，在二〇一九年九月發表了新論述，主張要用新的金融體制來扭轉經濟對石化產業的依賴。

在國際上更令人矚目的是，二〇一九年二月，新當選紐約市眾議員的亞歷山卓・歐加修—寇蒂茲發起了「美國綠色新政」。她隸屬於美國民主社會主義黨，和參議員愛德華・馬基共同提出了一份十四頁的綱領，把氣候變遷與社會主義更廣大的目標結合在一起。（左頁）

綠色思潮在一九七〇年代剛崛起時就對共產主義發起挑戰，儘管現在的環境早已大不相同。蘇聯集團在初期拒絕接受生態論述，有些人認為最根本的原因是馬克思假定了工業生產的無限制成長。曾經是東德共產主義者、後來成為西德綠色政治重要人物的魯道夫・巴赫羅（一九三五—一九九七）對馬克思主義提出有力的批判，他強調蘇聯集團工業主義的極端負面後果就源於馬克思理

## 美國綠色新政

**關鍵特色**

1. 它結合了聯合國跨政府氣候變化委員會二〇一八年全球暖化特別報告和一九三〇年代羅斯福用來對抗大蕭條的新政措施。
2. 它認為美國對其不成比例的溫室氣體排放有歷史責任，有義務以經濟轉型帶頭減少排放。
3. 綠色新政的十年方略是：
   - 為氣候變遷相關災難建立抵抗能力
   - 升級基礎建設
   - 國內能源需求要百分之百使用乾淨、再生、零排放的能源
   - 建立或升級為有效節能的「智慧」電網
   - 刺激乾淨製造產業的大幅成長
   - 與農民合作減少汙染和溫室氣體排放
   - 全面翻新交通方式，要改用電動車，要有乾淨便宜的大眾運輸和高速鐵路
   - 以大規模造林等方式去除溫室氣體
   - 使美國成為氣候行動的國際領導者並幫助其他國家實現綠色新政
4. 實現這些目標的方法是：
   - 提供和借貸適足的資金（包括社區補助款、公共基金和其他公共融資）
   - 確保位於第一線的地方弱勢族群有民主參與的過程
   - 確保有高品質的工會工作，其工資和津貼足以維持家計
   - 強化和保障工會權利
   - 所有會影響到原住民和其傳統領域的決策，都要事先得到其出於自由選擇、有足夠資訊下的同意
   - 提供所有人高品質的醫療、合理安全足夠的住房、經濟安全、乾淨的水和空氣、健康便宜的食物和大自然

論本身。但當氣候變遷已被普遍承認是最重大威脅時，蘇聯集團早已崩解，共產黨已無法一致回應。

中國的變化非常劇烈，不但以超高速進行工業化，也造成巨大的環境危害。後來中國成為許多創新綠色科技的世界領袖，在改善空氣品質和減少其他汙染上也有很大進步。然而在二〇一八年，中國石化消耗量增加，溫室氣體排放量連續第二年增長，世界各地正在開發的燃煤電廠有百分之二十五是仰賴中國資金。中國在國內的新措施令人印象深刻，但都是由高度集權的政府頒定的，中國也依然是全世界最大的氣體排放國。

然而，在馬克思主義圈子裡也有許多理論辯論，許多人駁斥巴赫羅之前的批評，尤其是齋藤幸平，他在二〇一七年的重要著作中得到完全相反的結論。詳細分析馬克思未出版和已出版的著作後，他的結論是馬克思對工業生產的熱衷是短暫的，但他對生態的信念卻是根深柢固的。齋藤認為，馬克思的社會主義願景，很清楚地是要「恢復社會與自然被資本主義嚴重扭曲的新陳代謝關係」。

最後，氣候變遷運動人士也吸收社會主義的元素到其批判和訴求之中。當氣候正義運動在一九九九年崛起時，重點放在批判製造問題的大工業和金融業。娜歐米．克萊恩在其極具影響力的著作中，把全世界的氣候災難怪罪於無規範的資本主義及其主要受益者和擁護者。總的來說，組織鬆散的氣候正義運動和當代「第三波女性主義」一樣，並不使用社會主義的傳統語言或概念，但它確實是反資本主義的，和社會主義許多目標和價值一致，包括消滅貧窮、特權和不平等。二〇一九年國際青年抗議運動的流行口號是「要體制變遷，不要氣候變遷」，大家普遍認為大企業資本主義是造成氣候變遷的元兇。

社會主義向來從總體關照人類社會，而不局限於個別經濟或政治組織。既然自然科學家與社會科學家現在都關切氣候變遷對人類的巨大威脅，社會主義就要適當回應這些根本問題。在二十一世紀第二十年即將結束時，社會主義也許尚未成功做到這一點，但已有相當努力，而就像過去新左派的前輩一樣，現在也要靠運動人士來提高大家對這些問題的意識。

## 「超越分裂」？

在新左派時期，女性主義和綠色思潮（及其他幾種運動）對主流社會主義發出挑戰。對傳統左派來說，這種發展令人憂心，因為這種分裂會傷害社會主義完整的世界觀及組織形式。但這些理念和運動之所以會產生，正是因為既有的意識形態和組織架構有缺失。一九七九年有一本著作試圖結合女性主義和社會主義，對於找出新方向相當有啟發性。

《超越分裂》（一九七九）一書是三位社會主義女性主義者——羅博特姆、西格爾、溫萊特——所著，迅速在英國和國際上引起巨大回響。這本書勇敢面對社會主義在理論上和組織上都不再具有統一性，而是包含好幾種運動和理念的事實。作者承認這有可能導致分裂，但他們也認為這些理念和運動是正面的，並相信可以建立更多元形式的社會主義。

書中最重要一篇文章是由社會主義歷史學家席拉・羅博特姆所寫。她當時的主要目標是反對集中化的政黨結構，這是蘇聯式共產黨及當時許多馬克思主義革命派別和新左派政黨都採取的模式。她的一些見解對當前的社會民主和工會主義都有其意義。她主張在組織內部要容許各種團體存在，要百花齊放才能積極克服歧視。但她也擔心社會主義的目標會被一堆在認同上天差地別、只關心自己在經濟文化或種族上被壓迫的社會運動所取代。各個次團體必須合作，要認識到「多樣的創造性，不斷追求相互之間及與理念之間的各種關係形式，此乃社會主義建設過程中的一部分」。

這既是很深刻的分析，也是很吸引人的未來願景。但它也是特殊時代的產物。《超越分裂》在二〇一三年再版時，羅博特姆反思了兩個時代的差異性及延續性，望能從中汲取教訓。她承認新世代的抗議行動有積極正面的意義，尤其是其全球性質，大大提高了對環境和氣候變遷的意識。但她也談到，當激進變革的可能性因為一九七〇年代後的經濟情勢轉變而消逝，大家就越發堅守於固定的認同。她那一代人渴望讓社會主義重獲新生，但當前的分裂已嚴重到，對當代資本主義罪惡的反抗已無法「團結在任何單一旗幟之下」。

她最重要的洞見來自對兩個時代的歷史比較分析。一九六〇年代急需的是不要把馬克思主義當成僵化的教條，而是有價值、值得探索的思想泉源。但當前的年輕世代已經很難想像那個時代的政治文化環境，因為世界觀已大不相同。她指出，年輕世代應該要研讀各流派的馬克思主義理論，以及無政府主義、同志解放、反殖民主義和反種族主義的歷史。儘管歷史無法提供任何模式，但在思考將來的任務時，明智的做法是先去了解所有激進傳統曾經有過的困難和見解。

當代資本主義的巨大破壞性造成了普遍的挫折感，但反抗者似乎「只在封閉的小圈圈中發牢騷」。也許當這些反抗形式凝聚團結起來後，會讓資本主義有所改良，但新左派追求的是更遠大的目標——要把世界改造並解放成聯合、信任與合作的世界。重拾希望是很必要的：「如果我們除了反對資本主義之外還有更多想像，這將是非常有力的起點」。

這段金玉良言借鑑自過去的社會主義傳統，這些傳統在共產主義和社會民主占支配地位時被邊緣化，在它們被自私的個人主義與競爭環境取而代之後亦然。我將在第五章談到這種願景依然有不可磨滅的重要性。但在此之前，必須先談談共產主義潰敗和社會民主崩壞所造成的影響，以及近年來一些另類社會主義實踐的嘗試。

# 第四章　超越支配教條

## 一個時代的結束

二〇二〇年，距蘇聯崩解已近三十年，而蘇聯崩解也結束了兩種社會主義占支配地位的時代。我們當然不能把後來發生的所有事都歸因於蘇聯共產主義的終結，但蘇聯衛星政權在一九八九年崩潰後所導致的一連串事件，對於全世界、以及特別是社會主義造成巨大改變。

蘇聯的臨終階段來得非常快。一九八五年戈巴契夫（一九三一—）當上總書記時，沒人預見會有全盤性的改變，但戈巴契夫挺而走險的改革最後導致崩潰[1]。特別關鍵的是他決定放手讓中歐和東歐共產政權走自己的路。這些國家的共產體制向來都靠蘇聯撐腰，於是快速崩解。蘇聯內部的政治、經濟和民族危機導致戈巴契夫在一九九一年辭職，一個歷史階段告終。這對社會主義整體的影響在一開始還不是很明顯，但在接下來幾年就非常清楚。

蘇聯的體制向來與本書所定義的社會主義原則、價值和目標不同。即使在史達林過世、其極端恐怖統治結束之後，蘇聯政權在許多方面依然是高度官僚和壓迫的獨裁體制。在蘇聯崩解後，有些人認為社會主義的吸引力會因為去除掉負擔而提高，也有人認為這會導致歐洲統合，把共產主義和社會民主融合在一起。

但事情的發展並非如此。歐盟擴大，許多中、東歐國家在二〇〇四年到二〇一三年間紛紛加入，帶來了歐洲大陸的部分統合，但一九一九年分道揚鑣的兩大傳統並未融合。總的來說，以為社會主義會因為冷戰結束而強化是不切實際的想法，因為當時尚未看到蘇聯崩解的全球效應。

蘇聯的存在抑制了先進資本主義國家的資本主義發展，迫使這些國家在二次大戰後提供公共服務和社會福利。蘇聯集團和西方的競爭讓許多南半球貧窮國家建立起由國家領導的發展模式，全世界的左翼政權都可以仰賴蘇聯提供援助。正如第二章所談到，這對古巴一些重大社會成就非常重要，而這些成就在冷戰結束後就開始走下坡。

蘇聯集團消失也大大改變了國際關係和國際政治經濟。在二十世紀最後十年，美國得以自行規畫其「新世界秩序」，沒有國家可以抵抗。這也讓美國得以大刀闊斧地推動市場開放戰略，捲起全球自由經濟體制浪潮，讓走另類道路的政府寸步難行。

既然蘇聯集團崩解有如此重大的影響，這就不得不引出一個問題：中國這個全世界人口最多的國家能否取代蘇聯集團，成為共產主義形式社會主義的掌

---

1 戈巴契夫（Mikhail Gorbachev, 1931-），一九八五年出任蘇聯共產黨中央委員會總書記，為蘇聯最高領導人。任內推動改革，一九八八年減少對東歐國家的干預，一九八九年起東歐多國和平政權移轉，結束冷戰局面，於一九九〇獲頒諾貝爾和平獎。一九九一年出任第一任（亦為唯一一任）蘇聯總統，隨著獨立國家國協成立，他被迫宣布辭職，蘇聯正式解體。

旗手呢？中國經濟以前所未有的高速成長，到了二〇二〇年已成為美國在經濟上、軍事上和政治影響力上的競爭者。理論上，由中國來領導一個新的共產集團是可能的，正如藍詩玲所言，毛主義（有各種詮釋）在世界各地都有影響力，依然有激發革命運動的強大能量。但中國能否扮演蘇聯過去在社會主義的角色還充滿疑問。

首先，中國並沒有提出有別於資本主義的社會經濟模式。一九七六年毛澤東死後，新領導人提出廣泛的經濟改革，建立了一黨專政國家的資本主義模式。一九九三年後，中共又進一步鼓吹商業文化，鼓勵追求私人財富。中國在成長率和國際競爭力上非常成功，但也大幅加劇了社會階級、地區和城鄉之間的不平等。

第二，中共政權採用高度鎮壓統治。當東歐與中歐共產集團於一九八九年崩解時，中國領導人殘酷鎮壓天安門廣場的示威者，以阻擋類似的崩潰，更從不重視人權。習近平在二〇一二年底當上領導人後，越發獨裁專制。他的「鐵拳」更把維吾爾人和其他穆斯林族群關入強迫性「再教育營」。綜合觀之，中國是世界上控制最嚴密的體制，其監控和國家管制資訊的程度前所未有。在習近平時代，私人部門有所成長，但黨的控制和國家滲透的力量也擴大了。

中國的崛起令人眩目，從一個赤貧且大部分是農民的國家快速轉變為現代超級強國也令人驚嘆。而在最近的發展中，中國也做出一些很重要的環境改革，在社會福利上也有很大的進步。中國有很多值得讓世界學習的東西，但並不是新的社會主義模式。中國也沒有清楚提出一條另類經濟發展道路。中國給南半球許多國家提供援助和投資，不像西方那樣附帶政治條件。這對這些國家也許有幫助，但其目的是擴大中國的力量，而不是促進社會主義。

新的時代沒有掌旗手，社會主義就由各個區域和國家各自去發展。以下對歐洲和拉丁美洲的討論就突顯出這兩個極端不同區域的種種反差。

## 歐洲

歐洲是社會主義的誕生地和主要發展地，但在二十一世紀大幅挫敗。這是本節討論的重點，但重要的是，這種逆境也不該過於誇大。首先，雖然不平等有擴大，但歐洲依然是全世界最平等的區域。其次，雖然社會和醫療支出的制度有所改變，讓許多人的生活變得更困難，尤其是最弱勢族群，但歐洲的社會和公共服務依然比世界絕大多數地方要好，包括美國在內。第三，和過去的歐洲相較，進步依然大於退步。尤其是歐盟的擴大，讓許多平民百姓能夠更自由移動，更便於在其他地方生活、工作和讀書。原則上，整個歐洲地區都信奉民主和人權。自由主義有很大的進展，而從本書的觀點來說，這種自由也是社會主義的一個面向。

但快速的變遷也帶來嚴重問題，共產集團崩潰後的根本因境幾年後才顯現出來。最明顯的影響是在東歐和中歐，這些國家在一九八九年到一九九一年間迅速從社會主義的共產主義模式轉變成資本主義。經濟上的變化不是此區域種種問題的全部原因，因為種族、民族和宗教衝突早就在這地方存在幾十年甚至幾世紀了。但經濟制度的改變絕對是各種動亂的催化劑。恐怖的南斯拉夫內戰（一直持續到一九九九年）造成國家分裂，新生了七個國家[2]；拉脫維亞、立陶宛、愛沙尼亞從蘇聯獨立；捷克斯洛伐克分裂成兩個國家（一九九三年）；前東德在與德國統一後成為歐盟和北約組織的一部分；而從一九九九年到二〇一七年間，有十二個前共產國家加入北約。這種快速轉變的不穩定性在本世紀第二個十年中越發明顯，在好幾個前共產國家中，都有右翼極端主義高漲、敵視社會主義和自由主義價值的情況。

蘇聯崩解也讓共產主義在西歐不再是一股重要的政治力量。在二戰後，許多國家——尤其是義大利和法國——都有很強大的共產黨。過去這些政黨可以制衡右翼最負面的東西，但現在大都解體，很快就失去支持。有些國家的共產黨和其他左翼社會主義政黨或綠黨合併，這些政黨在鼓吹社會主義關懷的議題

2 南斯拉夫內戰：二戰後，由馬其頓、塞爾維亞、波士尼亞與赫塞哥維納、克羅埃西亞、斯洛維尼亞、蒙特內哥羅等社會主義共和國所組成南斯拉夫社會主義聯邦共和國，為多民族、多語言、多宗教國家。一九九二年，南斯拉夫社會主義聯邦共和國解體，引發了一系列延續十年的戰爭，至二〇〇三年，「南斯拉夫」這一國號完全消失，領土分裂為北馬其頓、塞爾維亞、波士尼亞與赫塞哥維納、克羅埃西亞、斯洛維尼亞、蒙特內哥羅等六個受聯合國承認的國家，以及部分國家承認的科索沃。

上還是扮演重要角色，但多已淪為政治上的少數。

但西歐社會主義在一九九一年後最大的變化，乃是社會民主不再具有優勢，尤其是在北歐和西北歐。早在蘇聯集團崩解之前，經濟體制從凱因斯主義往新自由主義的轉變就已對社會民主構成挑戰，各社會民主政黨都在努力重新界定其經濟和社會政策。公部門引進市場機制的壓力，再加上工人階級團結的理念在意識形態上被削弱，為他們帶來了非常大的困難。正如瑞典的例子，其勞工運動和勞動人口的性質都已改變，而這兩者是社會民主的重要根基。

個別國家情況不同，但在所有先進資本主義經濟體中，都看到製造業減少和服務業增加，部分工時和臨時工作越來越多。歷史上孕育出勞工運動的生活環境和工作環境已經越來越不復見。總體趨勢是雇用形態愈益原子化，傳統工人階級社群愈益分散。

全球化和國際經濟體制的自由化帶來更大的壓力，非社會主義國家都認為資本主義已全面勝出。所以社會學家拉爾夫·達倫道夫（一九二九—二〇〇九）在一九九〇年宣告：

必須說，社會主義已經死了，任何形式都不能使它復活。

他認為，社會民主已經緩和了過度無節制的資本主義，這使得它自己變得多餘。總的來說，他認為馬克思主義的歷史規律已經被倒轉了，是資本主義繼承了社會主義。在這個脈絡下，所有形式的歐洲社會主義都處於劣勢。

然而，社會民主自己在政策上的嚴重弱點更加深其困境。大體上，社會民主沒有對新的資本主義主流模式提出批判，也沒有提出有效的反對，只是在贊成後希望緩和其負面後果而已。一九九七年上台的工黨首相布萊爾及其財政大臣戈登·布朗就是最明顯的例子。工黨以在資本主義和社會主義之間走「第三條路」的空洞口號拿到政權，在二〇一〇年之前贏得三次大選（布朗在二〇〇七年接手領導）。

在這段期間，工黨政府擴大對社會福利的公共支出，改善醫療、教育和基礎建設。但它接受現有的經濟模式，不去解決其負面暗流：包括傳統工人階級社群的解體、地區不平等升高、社會上少數極富有的人占國民財富和所得的比例增加。其他歐洲社會民主政黨起初不願全盤接受工黨政府的立場，但他們也普遍往這個方向走，也產生類似的社會後果。雖然許多政黨在一九九〇年代的選舉都頗為成功，但這掩蓋了其支持度長期下滑的事實，直到二十一世紀初才越發明顯。從二十世紀中到二〇一〇年間，社會民主政黨的總得票率大約減少了二十％。

二〇〇七—八年的世界金融危機加劇了社會民主的各種問題。當政府收入大幅減少時，新自由主義的政策處方就是大砍政府支出、縮減福利和社會供給以減少預算赤字。國際金融機構和右派經濟學家及政黨用這些「緊縮」措施來應付金融危機，但最嚴重的後果卻由社會上最貧窮的人來承受，而這些人傳統上是社會民主政黨的支持者。

在二〇〇八年到二〇一三年間，選民變動和政治分裂的趨勢升高，並在二十一世紀第二個十年中持續增強，而社會民主政黨是這種現象的最大受害者，尤其是那些剛好在危機時期上台執政的政黨，包括希臘的泛希臘社會主義運動、德國社會民主黨、西班牙社會主義工人黨、荷蘭工黨和英國工黨。但即使是沒有執政、不必對緊縮措施負責的政黨，也因為這些措施大砍社會福利和公部門雇用人員，造成其支持者流失。

凡此種種都讓社會民主面臨的問題更加惡化，有利於一種敵視社會主義和自由主義的氛圍。經濟體制的得利者和受害者之間的鴻溝，乃是仇外、「本土主義」、種族主義、民粹主義右翼政黨（後被合稱為「激進右派」）興起的重要催化劑。這些政黨自一九九〇年代中開始在西歐大幅成長，而越來越多的移民讓他們有興風作浪的新藉口。在歐盟擴大後，東歐和中歐移民搶走工作和住房、拉低薪資、詐欺社會福利的迷思就甚囂塵上。二〇一五—一六年間，許多南半球人民為了逃離貧困和暴力跑到歐洲，又更激化了這種情緒動員。前面已經提過，東歐和中歐幾個國家都有排外主義，有的甚至很極端。

所有因素加起來普遍地威脅到社會民主和社會主義：新自由主義削弱了工人階級的團結、擴大了全球化受益者與受害者之間的鴻溝；緊縮政策加劇了這些趨勢；激進右派為了動員群眾而宣稱「外來者」和都會菁英是罪魁禍首。最為雪上加霜的是，對歐盟的支持也隨之被削弱。

歐洲統合主要是政治中間派——也就是社會民主派和基督教民主派——的產物。這兩個意見集團從一九五八年開始推動，在一九七九年到二〇一四年的所有歐洲議會直選中，他們都掌握多數。一些左翼勢力長期批評這是在打造一個資本家集團，當歐盟在二十一世紀越往新自由主義和緊縮方向走，這種看法更獲支持。相比之下，社會民主黨和許多歐洲社會主義者普遍都支持歐洲統合以促進和平、團結合作、社會環境與人道權利。但激進右派則利用歐盟無法有效處理移民問題這一點，來指控「歐洲」要為人民生活困難負責。這一點讓社會民主特別難以應對。

在英國，這些壓力結合起來的後果就是英國獨立黨和保守黨一些派系支持「英國脫歐」（Brexit），並在二〇一六年六月以些微差距贏得公投（投票率七十二・二%，五十一・九%支持，四十八・一%反對），大多數工黨選區都支持「脫離」多於「留下」。在同樣壓力下，二〇一七年和二〇一八年歐盟幾個國家的大選中，社會民主政黨的選票也跟著崩盤，其中又以法國最為醒目，社會黨的選票減少了三十二%，總共失去二百八十六個席位。

令人意外的是，在二〇一九年的歐洲議會選舉中，支持歐盟的政黨和運動表現得比極右派對手要好，部分原因是綠黨和一些左翼勢力都獲得成長。極右派沒有獲得多數，而在政治光譜上的左派陣營中，國家內部和國家之間也有分歧。不管是整體的歐洲社會主義，還是個別的社會民主國家，都面臨許多困境和不確定性。

但即使在這種困難時期，還是存在著機遇和正面發展。社會抗議事件經常爆發，民調也顯示福利國家的價值依然廣受支持，這表示社會主義或「社會主義的」政黨和運動依然大有可為。此外，女性主義、綠色思潮和其他社會運動已重塑了社會主義的理念，為取代當前的資本主義形式提供了廣大的潛在支持基礎。正統教條的分裂也催生出各類型持續鼓吹社會主義理念的左翼政黨。這些機遇大有成功的可能，雖然尚無人有重大突破。在這個脈絡下，有三個不同的嘗試值得一提。

首先是在二〇一四年一月，「我們能夠黨」（Podemos）這個新政黨成立。這必須從二〇一一年的事件來理解。金融危機對西班牙的影響特別嚴重，其

GDP在二〇〇八年到二〇一三年間下降了十五%，失業率從二〇〇七年的八．二%上升到二〇一三年的二十六%，二十五歲以下人口的失業率更高達五十五．五%。二〇一一年五月十一日，社會主義工人黨政府的緊縮政策引發全國各地的示威抗議和占領行動。社會主義工人黨對金融危機的錯誤處理讓右翼人民黨在該年十一月的大選中重新執政，並一直維持到二〇一八年。這次五月示威還催生出「憤怒者」運動，讓高度緊張狀態持續了好幾個月，餘溫久久不散。

大約三年後，「我們能夠黨」成立，在拉丁美洲發展的影響之下，把當初的示威群眾轉化為全新的社會運動和政黨。

「我們能夠黨」發展得極為迅速，二〇一五年就獲得二十．六六%的選票，得票數高達五百二十一萬二千七百一十一票，僅次於社會主義工人黨。但這也是它得票的最高峰。之所以難以成長，有許多原因不能歸咎於它，但它也只有在剛開始時以堅定反對市場全球化、鼓吹另類政策選項之姿，看來像是個全新形態的政黨。同樣重要的，它在初始階段承諾要超越傳統政黨的官僚和組織結構，建立跨越不同社會族群的連結。

它從未解決的矛盾是：究竟是要維持「由下而上」的去中心化運動，還是要按照其領袖巴布羅・伊格萊西亞斯[3]集團的野心，成為全國性的執政黨。為了達成目標，他們稀釋了黨的經濟政策，破壞了分權式民主的制度，導致內部分裂和理想破滅。它依然是一個傳統意義上的重要政黨，但它從未實現當初要成為一個全新形態政黨的承諾。

挑戰新自由主義緊縮政策的第二個嘗試出現在希臘，其激進左翼聯盟從一九六〇年代一連串分裂和重組後重生，並迅速崛起。它在二〇一五年一月贏得大選，獲得三十六%的選票，在阿萊克西斯・齊普拉斯[4]（一九七四—）領導下上台執政。這個政府的成敗端視其能否改變歐盟、歐洲央行和國際貨幣基金

3 巴布羅・伊格萊西亞斯（Pablo Iglesias Turrión, 1978-），西班牙左翼政治人物，創立「我們能夠黨」並擔任黨總書記、歐洲議會議員和第二副首相。法律與政治的背景使其向來積極參與國內外政治與社會活動，因憤怒者運動無法為反緊縮政策提供有效解決方案，伊格萊西亞斯結合權力（poder）和民主（democracia）的概念，二〇一四年創立名為PODEMOS（We Can）的政黨，初次投入選舉取得佳績，成為第三大黨，二〇二〇年任內閣第二副首相，二〇二一年三月為了選舉離開內閣，最終黨的表現不佳而他辭去所有政治職務。

這「三巨頭」要求緊縮的條件。

希臘在二〇一〇年因為龐大的預算赤字瀕臨破產，三巨頭強迫希臘簽下兩項紓困貸款協議，造成人民生活困難。二〇一五年，總體失業率高達二十五．八％（年輕人失業率高達四十九．六％），產值比二〇〇八年減少了二十六％，薪資減少了二十三．五％。激進左翼聯盟試圖將議題「歐洲化」，但沒有得到有力的支持。在說服三巨頭改變紓困貸款條件失敗後，齊普拉斯推動公投，讓希臘人來決定是否接受這些條件。二〇一五年七月五日，選民以壓倒性多數拒絕接受，但齊普拉斯反而不顧公投結果，造成政府和黨的分裂。在贏得九月份大選後，激進左翼聯盟實施了緊縮方案。歷經四年困境後，它在二〇一九年七月輸掉選舉，右翼的新民主黨重獲執政。

激進左翼聯盟證明了號召群眾對抗資本主義教條的可能性，但因為妥協讓步而失去改變的動力。一個經濟弱勢的小國能否挑戰大國和大機構，這個問題還在爭辯中，但葡萄牙的例子卻提出另類道路的可能性。葡萄牙在二〇一一年到二〇一四年間也飽嘗三巨頭緊縮方案的苦果。二〇一五年，社會主義黨（一個社會民主政黨）在共產黨和兩個左翼小黨支持下獲得執政。它恢復了許多被裁減掉的社會支出，當經濟恢復成長，預算赤字也降到四十五年來最低點。

英國工黨是第三個有發展潛力的例子。二〇一〇年失去政權後，新領導人艾德．米勒班試圖在布萊爾路線和傳統工黨政策之間走中間道路。然而工黨輸掉大選後，傑瑞米．柯賓在二〇一五年九月意外當選為新領導人。[5]他向來是過去政策的左翼批評者，吸引到許多新黨員，黨員數從十九萬增加到二〇一七年十二月最高峰的五十六萬四千人。但新黨員的性質多樣。有些人是長期的左翼社會主義者，隸屬於工黨之外的運動，或因為布萊爾—布朗的政策而離開工

4 阿萊克西斯．齊普拉斯（Alexis Tsipras, 1974-），希臘總理。二〇〇八年被選為激進左翼聯盟的領導人，並在次年當選為國會議員，二〇一五年成為希臘史上最年輕的總理，他堅決反對樽節、不接受紓困方案附加的限制，批評緊縮政策打擊國家經濟，但最後他仍然只能接受歐洲債權人及 IMF 的救助，被迫持續緊縮。除了經濟問題，二〇一九年與馬其頓共和國改名達成的協議更引發大規模抗議，儘管挺過五次不信任投票，最終在執政四年後敗選。

5〔譯註〕柯賓（Jeremy Corbyn, 1949-）是工黨黨內的長期反對派，四十年如一日反戰、反對君主立憲制、主張國有化、主張社會主義。

黨。有些人——尤其是年輕人——則相信柯賓會把工黨帶到更接近社會運動的全新方向。柯賓和多數工黨國會議員的矛盾從未化解，而這些人完全反對他。

工黨提出近年來最激進的政策，包括反對新自由主義和緊縮，實行「綠色新政」。然而二〇一七年大選，工黨無法取得執政，英國脫歐議題更曝露出內部分歧。保守黨右派新領導人鮑里斯．強森在二〇一九年十二月舉行大選，以英國脫歐為動員主題，在國會贏得八十席的多數。工黨連敗四次大選後，在二〇二〇年初舉行新領導人選舉換掉了柯賓。但過去四年的許多激進政策似乎已在黨內根深柢固。

這些挑戰新自由主義全球化的嘗試沒有一個成功。然而，每一個都對歐洲社會主義提出了貢獻。「我們能夠黨」最後讓當初許多熱情支持者失望了，但它提出一種新形態左翼政黨的可能性，這種政黨是基於去中心化和草根性的參與，而不是社會民主和共產主義那種階層化和高度控制的組織。同樣地，激進左翼聯盟對抗國際緊縮措施，反映出要把歐洲國際主義的社會主義理念和新自由主義區別開來的呼聲。而與「我們能夠黨」和激進左翼聯盟不同，工黨是一個歷史悠久、有過執政經驗的百年大黨。它現在的處境很困難，未來也不確定，但它的快速轉型以及在二〇一五年大選中部分復甦，讓人懷疑歐洲社會民主或社會主義是否真的必將衰亡。

## 拉丁美洲

除了一些特殊例外，在二戰後大部分時期，社會主義在拉丁美洲的前景是黯淡的。當然，這是一片廣袤的大陸，國家之間和國家內部的差異很大，任何概括都過於簡化。然而，大多數拉丁美洲社會的貧窮與不平等程度都很高，殖民主義的遺毒甚深。二十世紀末還存在許多右翼獨裁政權，它們通常都遵奉新自由主義的經濟政策，加劇了既有的不公不義。嘗試建立社會主義的歷史也因為內部鎮壓和美國干預而血淚斑斑。

但二十一世紀初有了重大轉變。從委內瑞拉的查維茲在一九九八年當選總統開始，其他拉丁美洲國家明顯向左轉——二〇〇二年的巴西，二〇〇三年的阿根廷，二〇〇四年的烏拉圭，二〇〇六年的玻利維亞、智利和厄瓜多；兩年後的巴拉圭；以及二〇一一年的秘魯。這些「粉紅浪潮」的政府差異很大，但大趨勢是明顯向左轉，許多人把拉丁美洲視為社會主義在南半球的標竿。

這段成功的高峰出現在本世紀初，當時區域經濟的成長率與其他地區的趨勢形成鮮明對比。在某種程度上，「粉紅浪潮」靠的是國際市場上較為有利的貿易收支條件。美國正忙於其他地區，中國也到這個地方扮演新的經濟角色，這些都對左派有利。經濟擴張一直持續到二〇一二年，但在二〇一五年明顯下滑，左派也明顯走下坡。

總的來說，「粉紅浪潮」的政府帶來了明顯不同的改變，社會政策的涵蓋範圍更大，也試圖處理極端不平等和貧窮的問題，還提出一些性別平權政策。二〇一四年，智利、阿根廷和巴西都選出女性總統，許多國家都實行進步的同性婚姻和性別平等法律。然而，經濟衰退導致內部衝突和動盪，從二〇一五年開始，許多地方都明確向右轉。二〇一七年一月川普當上總統後，美國積極重申對拉丁美洲的控制權，這個趨勢更為強化。雖然有明顯挫敗，但過去的成就並未被全盤翻轉。例如在阿根廷，二〇一五年飽受攻擊和汙名化的克里斯蒂娜·基西納捲土重來，在二〇一九年十月的大選中扮演關鍵角色（這次是擔任副總統）[6]。

在左派執政時期，厄瓜多、委內瑞拉和玻利維亞的新政權帶來了根本性的變革，試圖徹底擺脫資本主義。他們保留了工人和農民受剝削的階級鬥爭概念，格外關心在殖民和後殖民政權時期特別被邊緣化和歧視的族群。在厄瓜多和玻利維亞，原住民被排擠的問題尤為嚴重。

這三個政府的激進變革政策不可避免地引發激烈內部衝突，右翼反對派搗亂杯葛。在厄瓜多，嚴重的分歧緊張導致拉斐爾·柯利亞[7]政府在二〇一七年下台，但其他兩國的情況則不同。我要簡短談一下委內瑞拉，再比較詳細地討

6〔譯註〕克里斯蒂娜·基西納（Cristina Kirchner, 1953-），二〇〇七年至二〇一五年間擔任阿根廷總統，其夫是已故前總統內斯托爾·基西納（Néstor Carlos Kirchner）。她是繼伊莎貝爾·裴隆之後，阿根廷的第二位女性總統，也是阿根廷第一位由民主選舉產生的女總統。二〇一九年十二月又出任副總統。

論玻利維亞。

委內瑞拉的社會主義不是查維茲一個人的發明，但和他這個人密不可分。他曾是一名職業軍人，在軍中開始左傾，並在一九八二年創立一個革命運動。他在一九九二年兩次發動政變奪權皆失敗，最後認識到採取選舉路線有可能成功。一九九八年查維茲當選總統，拿到超過五十六％的選票。

在他當政時期，國際和國內對「查維茲主義」政權性質的看法非常兩極。對其支持者來說，這是一種人民群眾的民主形式。他們強調每次選舉的高支持度，也強調其社會和經濟改革。相較之下，國內反對者和美國則猛烈抨擊這個新政權，說它用人唯親、不斷修改憲法鞏固權力、製造個人崇拜、壓制自由民主。

四年內，這些衝突隨著小布希總統領導的美國政府在幕後發動政變而達到頂峰。查維茲的支持者很快就讓他重新掌權，但這加劇了內部對立和兩國的敵對，美國把查維茲妖魔化，鼓動要推翻他。委內瑞拉領導人則以不斷攻擊美國帝國主義來動員人民。一直到二〇一三年查維茲去世，衝突從未或減。

查維茲政權的主要成功之處是大規模對抗不平等和貧窮的社會成就，尤其是在二〇〇二年的政變危機之後。從二〇〇三年初到二〇〇八年末，家戶貧窮率從五十四%下降到二十六%，極度貧窮的比率減少了七十二%。若再加上各項社會計畫帶來的益處，變化更加劇烈：例如，嬰兒死亡率從一九九八年到二〇〇七年減少了三分之一，高等教育入學率從一九九九—二〇〇〇年到二〇〇七—八年期間增加了一倍。不平等也有顯著降低。如同一九八〇年之前的古巴，不管是與區域和國際比較，委內瑞拉的社會政策似乎是成功的。而查維茲也和卡斯楚一樣，在政治上非常穩固，尤其是社區組織。然而，這些成就的經費來源是很有問題的。

委內瑞拉有全世界最大的石油存量，其經濟和出口產業長期依賴石油。一

7 拉斐爾．柯利亞（Rafael Correa, 1963-），經濟學家、政治家，二〇〇五年曾短暫擔任厄瓜多財政部長，二〇〇七—一七年擔任厄瓜多總統。上任後增加農業補貼與醫療保健、教育等社會支出，並查封與一九九〇年代銀行醜聞牽連的權勢家族成員的公司，受到選民的歡迎，二〇一三年連任。下台後亦面對貪腐賄賂的指控。

九七六年，主要為外資的石油工業被收歸國有，設立了委內瑞拉石油公司（PDVSA），但這家公司只受政府最小程度的管控，大部分收益都匯到海外。查維茲當政後立刻爭奪控制權，委內瑞拉石油公司的主管拒絕與政府合作，在二〇〇二年十二月發動罷工，政變未遂後造成政府的重大危機。查維茲最終抵擋住經濟和政治壓力，鞏固了權力。二〇〇六年和二〇〇七年，他奪取了美國大石油公司的產業，將石油出口和生產完全收歸國有，並以進一步國有化來強化政府的主導地位。

查維茲推動政策的方法是有弱點且難以持久的。雖然他大談要讓經濟多樣化，但根本沒有實現，二〇〇九年石油占委內瑞拉出口的九十六%，比一九九八年還要高。查維茲政權仰賴石油收益來支持社會改革，給消費者極高的油價補貼。

姑不論經濟多樣化有許多社會上和政治上的好處，太依賴單一產業光從經濟角度來說就非常危險，只要世界油價一下跌就會造成災難——其繼承人馬杜羅[8]就碰到這種情況。政府把經濟問題歸咎於美國在二〇一四年後的制裁和種種破壞，雖然這和沉重的債務負擔都是問題，但最終要負責的還是其策略。

即使在國際石油價格最高峰的二〇〇八年七月，政府收益還是因為產量下跌而減少，二〇一三年的總體經濟成長率也下降。二〇一六年負成長十．一％，委內瑞拉的必需品進口和石油出口都減少四十％。這些加起來就導致二〇一九年的經濟無量下跌、惡性通膨、人道危機、社會收益由正轉負和近乎內戰狀態。美國趁機策畫了一場政變，但因為馬杜羅依然獲軍隊支持而失敗。至當年六月，聯合國估計有四百萬難民和移民逃離委內瑞拉。

這場災難最終要歸咎於不斷動員弱勢群眾，卻沒有妥適的經濟政策，也沒有堅實的問責、控制和民主參與形式來分享權力的政治機構。

玻利維亞的社會與政治改造和委內瑞拉有雷同之處，但也有許多重大差異。當埃沃．莫拉萊斯在二〇〇六年初當上總統時，玻利維亞是拉美地區最窮

---

8 馬杜羅（Nicolás Maduro Moros, 1962-），委內瑞拉總統。二〇〇六年起擔任外交部長，二〇一二年底被查維茲認命為副總統暨接班人，二〇一三年查維茲過世後當選總統，二〇一八年連任。任內壓制反對派、通過修憲公投擴大總統權力等，亦相當具有爭議。

的國家。它極端貧窮和不平等，少數「白人」和麥士蒂索人（西班牙人和原住民的混血）掌控大權，把原住民踩在腳下[9]。經濟上依賴採礦業，近年來則依賴掌握在外國人手裡的天然氣產業。此外，各地方的差異非常大，財富都集中在東部的聖塔克魯茲地區。

要在這裡建立社會主義社會，就要對抗國際經濟強權，要克服或至少消弭商界和富裕中產階級的敵意，為那些在階級和種族雙重弱勢的人民尋求解放和平等。這是艱巨的工作，而弔詭的是，過去的不平等反而成為新政權的助力。

二〇〇〇年，桑切斯．洛薩達決定要把位於安地斯山谷科恰班巴地區的公共水源私有化，賣給美國跨國公司。這將讓當地的奇楚亞人無水可用，遂引發持續三個月的群眾示威，最後這個計畫被放棄了。三年後，洛薩達又試圖開放外國人參與天然氣私有化，這次又引發主要由原住民團體發起的群眾直接行動。政府動用極端暴力，但鎮壓削弱了它的支持度。洛薩達下台，經過兩位短命的總統後，莫拉萊斯勝選上台。當他掌權時，要求新政府從事根本變革的動力已然成形，民眾支持要改變關鍵資源的所有權。

在二十世紀末，鄉村農民和前礦業工人已經發展出有力的聯盟，其催化因素是有許多礦場被關閉，很多礦業工會的工人移居到鄉村。地方原住民社群和來自城市的工人階級交互作用，新興組織崛起。一九九八年，「走向社會主義運動」（MAS）成立，在二〇〇五年底大選把莫拉萊斯推上台。

「走向社會主義運動」否認自己是傳統政黨，而是社會和社區運動的工具，它不信任國家和政治機構，相信改變來自底層的壓力。莫拉萊斯曾是社運人士，後來成為玻利維亞中部山區一個可可葉種植者工會的領導人，此地正好在科恰班巴北邊。這個工會是由前礦業工人和傳統可可葉種植者所組成，為社區提供社會服務，會員參與程度很高，決策都以共識決定。

在改革浪潮下，莫拉萊斯在二〇〇六年五月一日下令軍隊占領能源礦區。他把石油和天然氣儲量置於國家控制之下，命令外國生產者要透過國有能源公

9〔譯註〕據二〇一〇年統計，玻利維亞全國總人口一〇一二·五萬，印第安原住民占六十%，麥士蒂索人占二十六%，白種人占十四%。全國九十%的土地由少數白人或麥士蒂索人所持有。

司才能出售碳氫化合物產品，隨後又重談合約，讓國家取得大部分利潤。此舉和其他國有化措施讓莫拉萊斯政府對礦業出口產生依賴。在二〇一六年，石油產業占到政府收入的三十三%、出口的八十%，GDP的十八%，而自二〇〇六年開始，政府還開發和出售天然氣。這種依賴類似於委內瑞拉，但莫拉萊斯避免像查維茲那般浪費無度。

「走向社會主義運動」執政的前兩年主要是和過去的權貴做鬥爭，包括國有化政策，但新政權廣受支持，莫拉萊斯和「走向社會主義運動」在二〇〇九年的選舉中大獲全勝。同年，參與度極高的制憲會議制定了新憲法，經公民投票通過。這既標誌著權力向過去被排除的原住民族轉移，也帶來了社會和經濟平等。

這兩個目標是相輔相成的。一九九四年世界銀行報告中說，七十三．五%的原住民生活在貧窮線之下，三十七%屬於極度貧窮。在莫拉萊斯上台前，原住民與非原住民的鴻溝還在持續擴大。

新憲法極具象徵意義地更改國名，從玻利維亞共和國（Republic of Bolivia）

改為玻利維亞多民族國（Plurinational State of Bolivia），並採取具體措施。憲法保證尊重傳統文化，讓原住民按照自己的政治、司法和經濟制度來運作，還設立一個新部門推動國內去殖民化。各層級的教育也有重大改變以推動語言的平等使用，並設立了三個原住民大學（艾馬拉、奇楚亞、瓜拉尼）。有三十六種〈原住民〉文化被承認，各族有各自的語言[10]，但所受照顧並不相同，部分原因是各族人口差距很大。

在「走向社會主義運動」所追求的更大的社會經濟目標上，莫拉萊斯政府有不少作為。最低收入從二〇〇五年開始迅速提高，到了二〇一四年，極度貧困比率從三十七·七％下降到十七·三％，在農村地區從六十三·九％下降到三十六·一％。同樣重要的還有對不同族群直接發放津貼。例如，孕婦產檢可以得到補助，帶嬰兒去診所檢查也有補助。有人批評這種措施帶有強迫性，但

10〔譯註〕在玻利維亞的三十六個印第安原住民族中，最大的是奇楚亞族和艾馬拉族，這兩個民族占玻利維亞印第安原住民總人口的八十五％。

它確實降低了死亡率。同樣的，國家也用免學費來鼓勵就學和進大學。

原住民政策和廣泛的社會改革提高了弱勢族群在社會和政治機構中的代表性。中產專業人士在國會中的比率從一九九〇年代的將近五成下降到二〇一四年的不到兩成，而工人、藝匠和第一級產業受雇者從四％提高到二十六％，女性比率也達到前所未有的三十％。

這些都是新政權帶來的好處，但緊張也是存在的。以農村為主力的社會運動把莫拉萊斯推上台，但上台執政和社會變遷也帶來了改變。「走向社會主義運動」越來越城市化，許多新成員來自日益壯大的中產階級和專業人士。這些人爬到高位，既削弱了「走向社會主義運動」在意識形態上的堅定性，也讓莫拉萊斯身邊的工人階級和原住民越來越少。運動內部也出現裂痕，有些重要成員依舊和莫拉萊斯很貼近，有些人則被疏遠成為反對派。而隨著莫拉萊斯越來越大權在握，政治制度和文官體系也越來越衰弱。

二〇〇九年選舉大勝導致行政權獨大，缺乏有力的政黨或國會制約。反對派四分五裂，而莫拉萊斯還是繼續搞群眾動員。二〇一一年的司法改革讓法官由直接選舉產生，這更強化了行政權的角色。

二〇一四年大選再度證明莫拉萊斯廣受支持，但情況已有變化。他越來越少諮詢包含「走向社會主義運動」在內的社會團體，過去的盟友（而非右派）現在也常用群眾示威來阻擋他的政策。互相衝突的壓力讓局勢越來越緊張：要推動「社會主義運動」的綱領；要滿足採礦業的經濟需求；要讓日益成長的中產階級和都市人口滿意。

二〇一一年，莫拉萊斯似乎屈服於產業界的壓力，突然下令停止補貼汽油，造成油價大漲八十二%，很快就引發工會的直接行動和罷工。他幾乎立刻就退縮，取消命令，但這個事件突顯出社會目標和經濟政策有難以調合之處。土地改革和重分配計畫也引發衝突。

莫拉萊斯政府頭幾年在性別議題上有很大的進步。過去女性通常不准擁有土地，但到了二〇一三年，已有四分之一的土地登記為女性所有，另外三十七%分配給男女共有。但土地重登記和重分配的速度在二〇一一年後慢了下來，「走向社會主義運動」內的不同派系對土地改革產生歧見，尤其是在東部低地保護區周邊的墾殖者和原住民族群之間，原住民認為這是他們祖傳之地。此外，土地重分配的目標也和擴大糧食生產的需求有所衝突。

其他重要政策領域也發生嚴重衝突。為了表示支持原住民和環境，憲法寫入了尊重「大地母親」和「美好生活」的原則。在國際舞台上，玻利維亞激烈批判國際上對氣候變遷無所做為，在氣候正義人士之間博得美名。二〇一〇年，玻利維亞在科恰班巴舉辦「世界人民氣候變遷與大地母親權利大會」，吸引了三萬名來自全球各地的人士參加。

但實際上，莫拉萊斯政府的環保紀錄毀譽參半。二〇一一年八月，政府提出要蓋一條從拉巴斯穿越伊西博羅原住民保護地國家公園的主要道路，政府過去的承諾和當前的優先事項顯然相牴觸。政府宣稱這是為了地方經濟發展，但這片土地是三個原住民族（總人口不到一萬二千五百人）的傳統領域。這條道路的主路段會把這片原住民領域兼國家公園的保留區一分為二，而其中大部分土地是當地人民共同擁有，他們在這全世界生物多樣性最豐富的地方以打漁、狩獵和採集為生。

當原住民組織來到拉巴斯示威遊行時，警方暴力騷擾，政府還鼓動周邊地區的墾殖者出來反示威，他們認為改善交通才能加強地方經濟發展。其他社運團體則支持抗議者，在雙方激烈交鋒下，二〇一一年莫拉萊斯退卻了。但六年後，他又再度下令要建這條道路，抗議和反抗議聲浪再起。政府試圖分化和詆毀反對派，但政府本身也四分五裂，這反映出玻利維亞在政治、經濟和社會上的複雜演變，以及把憲法承諾付諸實踐的困難。

最後還有一個理論和政策的衝突，那就是性別議題。憲法規定國會議員候選人的性別比例要平等，二〇一四年大選後，女性占國會席位的五十三%，包括原住民族代表。在理論上，憲法對女性解放的承諾在政治代表性上有很大的進步，二〇一四年還進一步提出「女性政治綱領」，提出要：打破文化上、符號上和物質上各種形式的父權主義；保證不受暴力侵擾的生命權；承認女性在性和生產上的權利，並提供其得以實行權利的條件；促使女性經濟獨立，承認女性的經濟貢獻，重新估算家務勞動的價值。然而實際上，玻利維亞依然是極度性別歧視的社會，墮胎權利受到嚴重限制，對女性的暴力相當普遍，包括在

「走向社會主義運動」內部。

到了二〇一四年，經濟成長趨緩，莫拉萊斯的個人支持度也隨之下降。他試圖再參選連任，但其參選權被質疑，因為憲法只准許兩個任期。此案被送到由「走向社會主義運動」掌控的憲法法庭審查，法庭允許選舉繼續進行，莫拉萊斯再度贏得總統大選。當莫拉萊斯及其支持者試圖修憲讓他能連任第四次時，產生更大的衝突，五十一%的選民在二〇一六年的公民投票中否決此案。但憲法法庭否決了公投結果，讓他得以在二〇一九年十月第四次參選。

這時候，一般民眾發出對民主憂慮的呼聲，他們關切政府控制媒體和政治操弄司法。社會上也普遍批評政府以酬庸收買選票，以脅迫鎮壓分化社運團體和非政府組織。反腐敗是莫拉萊斯在二〇〇六年的重要承諾，而如今高層的腐敗依然讓人失望。但這個政權還是有強處，尤其是以傳統的經濟成長來說，經濟還是相對健康，人均收入還是在增加。所以當二〇一九年十月二十日大選結果讓莫拉萊斯時代突然告終，很多人都沒想到。

當時的政治氣氛很熱，選舉過程爭議很多，計票明顯拖延，最終的計票結果又和原來不一致[11]。在這種情況下，美洲國家組織選舉觀察團在十月二十一日發出的新聞稿，就不可避免地激化了情勢。新聞稿表示「對原來開票趨勢這種劇烈和難以解釋的改變，感到深切憂慮和不解」。這刺激了大規模的群眾抗議，示威和反示威浪潮席捲全國，雙方的暴力程度日增。十一月十日，軍方領導人要求莫拉萊斯下台，第二天，他和副總統接受墨西哥的政治庇護。

川普總統立刻宣稱莫拉萊斯辭職是「重大民主時刻」，「我們距離完全的民主、繁榮和自由的西半球只有一步之遙」。然而，國內外許多支持玻利維亞政權的人都堅信這是華府策畫的政變。完整的證據遲早會出現，但有兩點是很清楚的。

第一，如同前面指出的，莫拉萊斯政權在二〇一九年已出現許多問題。「走向社會主義運動」自許是一個沒有上下控制關係的反對派社會運動，但正因如

11〔譯註〕這次選舉開票當晚，當莫拉萊雷斯與梅薩兩人的票數極為接近時，玻國中央選委會與國家的選舉轉播單位卻突然中斷了開票直播，計票轉播斷訊了一天一夜。等到計票訊號重新恢復後，莫拉萊斯勝選的結果卻已直接出爐。

此，讓這個政權建立在高度的個人權力之上，沒有適當的司法、立法和公民社會的監督機制。在權力下放、原住民賦權、平等、性別正義、環境等政策目標的實踐上也有嚴重缺失。而其經濟模式也沒有遵照政府所宣誓的「大地母親」和「美好生活」等原則。凡此種種都表示，當十月份爆發尖銳危機時，莫拉萊斯的統治基礎已經四分五裂。雖然某些派系還是一樣忠貞，其他派系則離心離德，認為領導人確實有在選舉中舞弊。

第二，玻利維亞這場變革確實有一些很正面的東西，在十五年內根本改變了這個赤貧的國家。相較之下，一些反莫拉萊斯的勢力既暴力又種族主義。尤其是聖塔克魯茲的路易斯．卡馬喬，此人崛起為反對派的實質領袖，主張極端右翼形式的基督教，公開呼籲要軍隊介入。許多想要掌權的人都意圖扭轉多民族國家的理念。這將抹滅自二〇〇六年來的所有進步，對拉丁美洲的社會主義將是進一步重擊。

## 成功與失敗

蘇聯集團崩潰終結了兩大社會主義陣營主宰的時代，但也導致複雜和矛盾的形勢。一方面，來自新左派和新一代抗議者的挑戰，為超越舊教條的新形式社會主義運動開創出可能性，也出現一些在組織結構上不那麼官僚和集權的創新式政黨，比較能「由下而上」接納社會運動的觀點，包括女性主義和綠色思想。另一方面，美國在新時代剛開始那幾年全面稱霸、鼓吹全球化的新自由主義，這也就限縮了其他政策選項的空間。世界各地區如何因應這些矛盾壓力，都受到經濟、政治和社會因素的影響。

社會主義要在歐洲獲得再生格外困難，部分是因為舊時代兩大陣營分裂的斷層線就在歐洲。歐盟的擴大當然有一些積極的面向，但中東歐國家在經濟體制和地緣政治上的快速轉變也造成特殊的壓力。新自由主義政策的擴張——包括歐盟本身的擴大——讓形勢更加惡化，尤其是世界金融危機和相應而來的緊縮措施。

然而，歐洲社會民主派本身也成為障礙來源。他們接受了自由主義共識，普遍都相信冷戰的終結乃是人權和民主的勝利，而他們可以在這個基礎上逐步向前邁進。但他們沒能堅決反對新自由主義，不但自失立場，也讓他們和整個歐洲社會主義對激進右派的興起束手無策。

拉丁美洲在二十一世紀之初的情況非常不同。許多國家在右翼政權統治多年後極度貧困和不平等，遂在「粉紅浪潮」時期大幅向左轉。受惠於有利的國際經濟環境，許多國家趁機處理極度經濟不平等的問題，也推動直接抗議行動，鼓吹更廣大的社會主義目標，尤其是性別議題。

委內瑞拉、厄瓜多和玻利維亞都曾試圖採取激進的社會主義形式，把馬克思主義和當地傳統結合在一起。這些激進改造都沒有完全成功，委內瑞拉政權更是災難性收場。玻利維亞則是成敗參半，但兩者都在二〇一九年末戛然而止[12]。

從比較的角度來說，整個歐洲地區，尤其是西歐地區，在社會經濟平等、民主和人權等各項重要指標上都遠比拉丁美洲進步。歐洲也爆發一些重大抗議事件，而如前所述，社會主義在西班牙、希臘和英國似乎都曾有復興的可能。再者，歐洲的挫敗也不像拉丁美洲那樣嚴重。雖然激進右派強化了不平等，歐洲的社會團結也被破壞得非常嚴重，但這些改變與拉丁美洲的倒退不可同日而語，例如巴西總統波索納洛那種極端主義。

總體觀之，兩個區域都有成功和失敗之處，第五章將會討論這些經驗為整個社會主義提供的教訓。

12〔譯註〕莫拉萊斯流亡後依然掌握「走向社會主義運動」的決策。二〇二〇年一月，莫拉萊斯等人決定由盧喬・阿爾塞（"Lucho" Arce Catacora）回到玻利維亞參選總統，立即引發玻利維亞反對派的襲擊以及莫拉萊斯支持者的反擊。十月，盧喬當選總統，十一月九日，莫拉萊斯結束近一年的流亡生涯，從阿根廷返回玻利維亞，受到盛大歡迎。

# 第五章

# 社會主義的現況與未來

這本小書概述了近兩百年的社會主義，考察其總體趨勢及一些個案，也觸及許多理論爭辯、若干悲劇事件和成敗經驗。最後一章將分成三個部分：第一部分討論社會主義理念的重要性，第二部分要從過去的經驗汲取教訓，第三部分是批判性地檢討過去以展望未來。

## 社會主義理念的重要性

我們在導言中強調過社會主義的多樣性，對社會主義下了較寬泛的定義。社會主義者追求的是一組互相關聯的價值與目標。第一，他們都批判資本主義社會的財產關係讓每個人的機會極度不平等，渴望建立平等主義的社會。第二，他們相信有可能建立以團結合作為價值的不同社會，因為社會主義在本質上就是樂觀主義，不相信人類只會自私自利和互相競爭。第三，他們相信自覺的人類行動可以造成社會、政治和經濟的變革，相信人類是歷史的主體，而不是完全被命運、習俗或非個人的力量所決定的客體。

自從現代社會主義在十九世紀初興起，批評者和反對者都對這些理念嗤之以鼻。他們經常因為誤解「人性」而說這些目標「不實際」，或在現實中行不通。還有很多人試圖證明社會主義無可避免會淪為可怕的暴政。而當前比較典型的說法是，社會主義已經無關緊要了。如今，有人說生產過程中機器人將取代人類，又如氣候變遷等新問題，已讓社會主義成為明日黃花的教條。面對這些批評，社會主義該如何回應？

我的看法是，如果社會主義對過去的負面紀錄避而不談或輕描淡寫，自以為對什麼問題都有答案，這是不誠實且適得其反的，本章對這些會有進一步討論。然而，我們還是有很多理由相信，社會主義在當前這個時代依然有其重要性。

社會主義的核心是批判資本主義的不平等，要討論社會主義在今日的重要性就必須從這一點出發。不平等是資本主義所固有的，正如第一章所說，馬克思對這一點做出不可抹滅的貢獻，他闡釋了階級不平等和衝突的原因，以及資本主義周期性危機的內在趨勢。托瑪．皮凱提近來以《二十一世紀資本論》對此加以補充，不僅以大量統計資料證明資本主義經濟的發展軌跡，其中心論點也強而有力。他認為資本的收益率永遠大於成長率。這表示繼承而來的財富和資產收益永遠要比工資所得的增加要快。在沒有政府介入的情況下，這個差距必然會繼續擴大。

這種洞見再加上趨勢的證據，證明了社會主義依然有其重要性。正如《二〇一八世界不平等報告》所顯示的，在一九七〇年代以降的新自由主義時代期間，世界上大部分地區半世紀以來在不平等的長期歷史性下降被逆轉，幾乎所有地方的收入不平等都加劇了。

這在全球自由化的領導者美國尤其嚴重，底層半數人的收入大減，而頂層的人則大發利市。在二〇一四年，頂層一%的成年人所占國民所得的份額（二十．二%）遠超過底層五十%的人所占份額（十二．五%）。英國比多數西歐國家採取更為激進的市場導向的資本主義改革，不平等的回潮也特別明顯。

前共產國家採行資本主義後，不平等也急劇上升。一九七八年的中國，頂層十%的人和底層五十%的人都占國民所得的二十七%，到了二〇一五年，前者增加到了四十二%，後者降到了十五%。俄國的改變更為快速劇烈。在一九八九年，底層五十%的人占國民所得三十%，但進入新世紀的第二個十年，所占份額只有二十%，而同一期間，頂層一%人口所占份額從大約二十五%上升到超過四十五%。這表示不平等的程度比一九一七年俄國革命前還高。

最後，全球不平等是相當嚴重的。當然，有些極端不平等的現象發生在南半球，尤其是在巴西、中東和南非。但最貧窮的還是開發中國家，特別是處於國際經濟邊陲地位的非洲撒哈拉沙漠以南。這裡的貧窮乃是極端的匱乏——缺少食物、飲用水、基本衛生條件、醫療和教育。同時，富豪們的財富在二〇一八年每天增加十二%，而三十八億最貧窮人口的財富則每天減少十一%。二十六名最富有的億萬富豪的財富相當於世界上最貧窮的半數人口的財富。

全球不平等的問題似乎比富裕國家中的貧富差距更為急迫，但這兩種不平等不是對立的。凱特．皮克特和理查德．威爾金森在其重要著作《精神層面》一書中主張，在較為平等的社會中，不管是哪個收入族群，在預期壽命、健康和總體生活都過得比較好。

統計數據提出了可衡量的社會經濟不平等指標，這些指標與其他重要的不平等形式密切相關，包括性別和種族。然而，社會主義從來不局限於這些面向，他們還批判不平等把人類發展的潛力做不均等和任意性的分配。這些統計數據背後隱藏了權力的不平等以及知識、藝術創造和個人實現的不平等。社經分配的劇烈變化還造成更嚴重的政治後果。雖然把右翼民族主義和極端主義在俄國、美國或英國的興起都歸諸於這些因素可能過於簡化，但它們絕對是重要原因。

如前所述，經常有人說社會主義和其他更重要的問題相比已經過時了。正如第三章所說，社會主義者目前尚無法處理氣候變遷等諸多問題，進展得也還不夠，但至少社會主義者已經接受永續經濟發展的重要性。此外，社會主義者強調社會和國家間的合作與團結，這對尋求全球性的解決方案至關重要。對照之下，資本主義普遍還是局限於國際競爭下的傳統發展模式，不斷在促進和擴大石化產業。在許多案例中，對全球暖化最有害的產業和一些國家的領袖還在否認人類要對氣候變遷負起最大責任，對壓倒性的證據視而不見。

有人說，科技進步而非資本主義才是對未來就業的最大威脅，這同樣是謬誤的。這種觀點認為，資訊科技和機器人的發展已經讓很多工作人力變得多餘，並將從根本上改變職場，許多勞動人口將被去技能化或不再被需要。無疑地，我們是處在科技快速變遷的新時代，但社會主義者不認為科技的運用方式及其對勞動人民生活的影響必然會是如何。在資本主義制度下，獲利的考量決定了如何運用科技。然而，如果能運用科技來擴大自由和人類的活動，那科技進步的結果可以是正面而非負面的。

但無論社會主義在理論上有多重要，除非有夠多的人也這麼認為，否則還是問題重重。所以一定要持續提出社會主義的訴求來贏取支持。光是強調不平等的根本問題、承認基本事實和趨勢是不夠的。總的來說，人們都曉得貧窮和不平等普遍存在，但這不足以讓人成為社會主義者。

一般而言，反對貧窮要比反對不平等容易得多。即使是最有錢的人和最有權勢的資本家，看到饑餓民眾的畫面也會於心不忍，並認為這種貧窮是不能接受的。然而，他們比較不能接受平等這個價值，也不認為不平等是資本主義的內在本性。他們比較認同一般用來批評社會主義的說法，例如不平等乃是人類處境不可避免的一部分。從一九七〇年代起，新自由主義的意識形態強化了這種信念，鼓吹個人主義和個人追求，主張唯有獎勵那些有特別天賦、精力和野心的人才能促成進步。

社會主義者也許認為只有非常有錢有勢的人會提倡這種信念，而大多數民眾會偏好平等，或至少逐步邁向更平等。但這並不必然如此，部分原因是政治社會體制和媒體普遍都偏向資本主義，強烈影響了意見觀點。這也是在第三章討論過的，資本主義如何塑造意識以壓制異見。馬庫色就比較極端的認為，現代工業資本主義的所有面向加總起來創造出單一的世界觀，讓絕大多數人無法看到有其他選擇。葛蘭西則更為有力地主張，強制力加上社會文化的影響力造就了資本主義的霸權。

然而，即使政經菁英都在鼓吹不受管制的資本主義才能促進所有人的自由，我們也不該過於誇大往個人主義傾斜的壓力。在一九九〇年到二〇〇八年間，歐盟各國的民意都越來越偏向要有某種形式的平等主義和社會保障，尤其是對那些最弱勢的族群。不過，即使絕大多數人都反對極端的競爭性個人主義，這也不表示他們接受社會主義的平等理念。

許多自由主義者和社會民主主義者都贊同不那麼強烈的「機會平等」概念。這種觀點認為，只要背景貧困的人真有機會在社會中向上爬，就不必把平等當成目標。意思是只要能為特別有天賦的人開放向上的社會流動機會就夠了。多數社會主義者都同意，只要能做到這點，這就比完全由階級、種姓或財富來決定人生機遇的社會要好。但社會學家齊格蒙·鮑曼[1]簡潔有力的駁斥了所謂的「機會平等」：

事實上，「機會平等」意味著有同等的機會來充分利用不平等。確實，機會平等是個空洞的概念，除非它所指的社會結構是建立在不平等之上。所以只要使用這個詞，在某種意義上就是正當化並接受了社會主義長久想要消滅的困境。

然而，平等的理念有其概念上的困難，反對社會主義的人經常誇大其影響來否定它。

人與人的絕對平等當然是不可能實現的。每個人在天賦、精力、興趣、力量都有差別。就連馬克思都在《哥達綱領批判》（一八七五）中承認，人與人

1 齊格蒙．鮑曼（*Zygmunt* Bauman, 1925-2017）：波蘭社會學家，畢業後任教於母校華沙大學，一九六八年因政治因素被驅逐，一九七一年至英國里茲大學任教到九〇年代退休。其名著《現代性與大屠殺》（*Modernity and the Holocaust*，1989）對現代官僚社會中潛在的威脅提出警告；九〇年代後反思晚期現代性、消費主義和技術。「流動的現代性」為其重要概念，在全球化的資本主義世界中，個體的不確定性、偶發性和碎片化，在技術的影響下發生變化。

是不同的，「如果他們不是不同等的，他們就不會成為不同的個人」。然而，平等做為社會主義的核心理念並不是一個無法實現的目標。它渴望要創建一種社會，每個人在其中都有自我實現的可能性，其人生機遇不是由社會、經濟和政治力量的結構性不平等來決定的。這當然是一個過於遠大的目標，但可以用來評價和批判社會，推動社會走向更平等。這就要不斷地批判資本主義所有權制度的特權，而不是局限於有限的改革和姑息。同樣的，在全球範圍上，社會主義也必須持續對貿易政策和發展政策施加壓力，不斷增進貧窮國家和族群的利益。

與平等密切相關的還有合作和社會團結等核心價值，社會主義必須證明這些價值依然重要。要反駁把人類行為都歸於個人自利的說法並不困難。最近的研究證明，從各類活動都能明顯看出，合作乃是人類在歷史上得以生存和成功的根本要素。然而，社會團結這個理念就並非如此。

合作是一個團體內部的一致行動，社會團結則需要對更大一群不認識的人有一種歸屬感。在歷史上，社會主義者和勞動者的團結是很強大的理念。即使自己的直接利益沒有受到影響，也要積極支持其他人對資本主義的抗爭。社會團結意指個人與更廣大的社會有連結，而當有所衝突時，公共福祉要超越個別利益。

如同第四章所說，新自由主義的興起削弱了社會主義和社會團結所仰賴的意識形態、制度和群體，使之說服力大減。但社會主義者可以指出當代社會的許多缺陷來強化其論點。許多人感嘆社會團結或社群已然消逝，認為過去的人較有共同的價值觀，犯罪、毒品、暴力、家庭破碎都是當代個人主義過度的結果。人的孤獨感也越來越深，特別是在不斷增長的高齡人口中。在許多領域，大家都認為需要有適當的社會對策。

社會主義者也可以堅持，所謂個人和群體的對立是謬誤的，合作和團結也是個人自我實現的手段。但他們必須證明重分配和管制對社會團結的必要性，因為這表示社會所創造的總體財富必須拿出一部分來投入醫療、住房和教育的集體供應。擁護資本主義的人可能會反對這一點，他們會說最有生產力的人應該保留其財富，因為這是他們自己賺來的，而社會重分配只會削弱進取心、獎勵懶惰。社會團結也和個人自我利益的訴求相衝突，這種觀點主張只有直接從服務受益的人才需要付費。

唯有強調團結帶給社會的整體利益，重新肯定社會主義思想的其他核心價值，才能反駁第四章所提到的，達倫道夫在一九九〇年關於「社會主義已死」的論斷。

## 教訓

批判地檢視社會主義的歷史經驗也是至關重要的。我們從中學到了哪些教訓？

首先，未來的社會主義必須處理其內部組織和外部體制中權力與民主的複雜議題。社會主義思想的平等觀從來不限於物質資源，還涉及到權力關係。現在已經非常清楚，共產黨的專政——不論是過去式或還是進行式——完全違反了政治平等，從來不是合作和團結的正確形式。獨裁專政必須被揚棄，民主必須被視為社會主義的核心元素。但第四章也指出，這方面的進展並不大。

強調社會主義民主的重要性要比將它概念化來得容易，更別說將它付諸實踐。一般來說，社會民主政黨和工會組織都有科層化和官僚化的毛病，儘管瑞典在許多方面已有成就，還是無法完全克服這些難題。同樣地，古巴雖有許多成功之處，但無論是黨內還是社會與國家的關係都沒有真正的民主。

與過去的主流社會主義形式劃清界線並沒有解決社會主義民主轉型的問題。拉丁美洲向來有很強的社會運動傳統，但和政黨、社會與國家並沒有民主的連繫。委內瑞拉查維茲政權淪為魅力領袖和民粹動員的體制，沒有任何有效的民主控制。玻利維亞政權也無法做為社會主義的新典範。在理論上，「走向社會主義運動」算是社會運動而非傳統政黨，但它缺乏堅實的內控和問責制度，也沒有真正讓人民獨立參與的管道。莫拉萊斯治下的玻利維亞也是領袖高於一切。

從十九世紀末以來，歐洲向來強調社會主義政黨是造成變革的主要行動者。一般而言，當代的社會民主政黨和其他左翼政黨都信仰民主和人權，原則上也承認要有市民社會運動和一般黨員的參與。然而，這並不表示社運人士和政黨的關係已有令人滿意的進展。

直接抗議行動一直很難發展成可長可久的組織。去科層化的運動——例如反氣候變遷運動——有時能在短期間造成巨大影響。二〇一九年倫敦復活節的「反抗滅絕運動」確實提高了對這些議題的關注程度，當年九月份針對氣候正義的全球罷課運動也讓政治人物不敢再輕忽問題。然而，要讓這些運動長期成為變革的有效行動者，乃是遠為困難的挑戰。西班牙「我們能夠黨」的發展軌跡，證明了很難把由下而上的地方直接行動和具有選舉執政企圖的政黨相結合。

社會主義者同時還要堅持，在自由主義和資本主義架構下運作的民主制度永遠有所不足。就算勝選執政，還是無法控制許多強大的經濟、政治和社會體制，川普時代的美國就證明了，憲法對濫權的防制並不如想像中堅實。

我認為，社會主義需要一種在多黨體系中把權力分散在各層面的體制。但這不表示政治活動只能局限於政黨或建制性的管道。社會運動在針對單一議題時很有效，而藉由議題的交織也能建立有價值的聯盟。同樣的，工會對保障和促進工人階級的利益依然至關重要。這些都表示，二十一世紀的社會主義民主觀要尋求代議式民主和參與式民主的結合。

當偽善的右翼勢力既高舉民主價值，又用各種壓迫手段來打擊左派時，堅持民主也許太過平和。我們不能因此就不堅持民主是社會主義的必要成分，但我們也要時刻保持警惕，要揭露和反對資本主義民主的雙重標準。

過去經驗的第二個教訓是，社會主義者必須提出可行的經濟策略。在古巴和瑞典，社會進步都有賴於經濟成功，當經濟衰退時，社會進步就受到威脅。拉丁美洲「粉紅浪潮」的經驗更證明了這一點，當二〇一五年經濟下滑時，好幾個國家立刻就朝右轉。特別是委內瑞拉的激進綱領之所以陷入混亂，主要就是因為經濟沒有搞好。在歐洲也一樣，經濟政策失當造成相當負面的影響，社會民主黨派的失敗不但搞砸了自己，也為激進右派的興起開了大門。凡此種種都證明，社會主義者必須努力提出另類經濟模式的可行方案。

在冷戰末期，蘇聯中央計畫模式的無效率已經相當明顯，許多社會主義者開始思考如何把計畫和市場相結合。一九八三年亞歷克．諾夫的《可行的社會主義經濟學》開啟了辯論，吸引高度的關注，也引發各種不同的倡議——有些人比較偏向計畫，有些人比較偏向市場。也有很多人提出各種所有權形式，包括合作社制、地方分權式的公有制、混合私有資本和公有資本的公司制度。還有一派人想利用國家的購買力來支持新創投資。

然而，這些想法都沒有挑戰到資本主義經濟理論的根本假設，也就是生產的成長速度才是衡量成功與否的首要標準。綠色思潮對社會主義的主要挑戰是把永續性的概念納入經濟思想，伴隨著氣候變遷勢不可擋的威脅，這也成為時代的迫切需要。光是讓社會主義達到傳統意義的經濟成功並不足夠，因為這還是在浪費資源，還是對生態和地球造成不可逆轉的傷害，還是不永續。

當前急需有可行之道以結合社會主義的長遠目標和永續性。現在已有許多人在思考這些問題，例如「綠色新政」和很多地方層次的實驗，但都還處於起步階段。此外，由於還是由國家在做重大決策，想要在全球層次取得進展，在理論和實踐上都有困難。

這就讓我們得到第三個教訓：要進一步思考社會主義要放在哪個層級來

實踐，因為這個問題比以前複雜得多。總的來說，早期的社會主義者、無政府主義者和最近的綠色思想家，都希望以去中心化的地方社區來實現他們的方案，而共產主義者和社會民主派則傾向在國家層次搞集中制。這兩種方式都有問題。地方分權意味著更大程度的控制和問責、更重視地方的需求，卻無法讓既有資源天差地別的各個地方更平等，也無法對付極端保守反動的地方權力體系。中央集權可以解決後面這些問題，但代價是犧牲掉地方民主。

經濟日益國際化更加劇了這些難題。如果連國家（或至少大多數國家）都沒有力量達成激進變革，傳統上關於層級的辯論就顯得不合時宜，必須重新思考超國家、區域和地方的關係。但按地域來劃分也不一定適當，因為權力在不同的面向有不同的運作方式，所以也要考慮到功能之別。

這些辯論在歐洲特別重要，因為在一九八〇和一九九〇年代，許多社會主義者都相信能在歐盟的架構下解決這些問題。例如，當時有去中心化論者主張地方分權式的聯邦制或半聯邦制，以確保每一個決策都能由最適當的層級來決定。然而，往聯邦制發展的運動受制於歐盟當時的僵局，火上加油的還有新自由主義和緊縮政策、反移民、英國脫歐、以及右翼極端主義興起。再者，現在有許多社會主義者反對歐洲進一步整合，認為這不過是推動資本主義的工具。但也有人堅持歐盟還是往前進步的必要架構。我的觀點是，歐盟若能更加民主和分權，它對於促進社會主義和平合作的價值是不可或缺的，也可以成為世界其他區域整合的典範，包括拉丁美洲。而這些關於層級的辯論也引發民族主義和國際主義等更總體性的問題。

如同第一章所說，社會主義者並非都主張國際主義。有些人鍾愛自己的國家，終於走向民族主義；有些人則專注於社會主義在國內的建設，對國際上的發展沒什麼興趣。從許多方面來說，第二國際在一九一四年的崩解不只是一個歷史事件，而是反映出持續性的現象。民族主義的元素深烙在社會意識之中，當國家面臨生死存亡時，許多社會主義者都站在自己國家這邊。

但我主張，有大量理論上或實踐上的理由可以認為，二十一世紀的社會主義必須是國際主義的。但當前的發展也證明了，社會主義者誤以為民族主義及宗教、文化、種族認同終將逐漸消弭，這其實是很危險的。根據啟蒙時代和馬克思的傳統，社會主義者傾向認為這些意識的前現代形式都將被俗世主義取代，也終將被社會主義取代。然而，二十一世紀的社會主義者必須承認個別和多重認同對人類的持久重要性。社會主義必須接受這個事實，也必須如此。

但實踐國際主義還是相當困難。反對帝國主義看來直接了當，但社會主義者從未成功把抽象的國際主義落實到具體政策。全球因素對社會主義的發展至關重要，但也非常複雜，沒有簡單的答案。目標必須是促進國家與人民之間的平等，建立跨國形式的團結合作。這方面的進展本就非常困難，而全球權力分配不均，以及美俄中印等大國領袖反對限制其主權的國際體制，更讓問題雪上加霜。全球的社會運動都贊同社會主義者的信念──「另一種世界是可能的」──但實現起來卻緩慢而痛苦。許多急迫的議題，尤其是氣候變遷，都需要全球性的解決方案，但把理論化為實踐卻極度困難，特別是既得利益者企圖阻止必要的改變。

這就來到最後一個更大的問題：要誠實承認當前情勢嚴峻，而前方還有更大的困難。社會主義者該如何面對未來呢？

## 面對未來

面對當前的困境，有些社會主義者傾向悲觀。這並不令人意外。社會主義在許多原本強勢的國家似乎已潰不成軍；而一些世界上最強大國家的領導人，都轉向強勢的民族主義，敵視自由主義和社會主義的價值。此外還出現新的危險，美國和俄國的右翼領袖利用社群媒體和網路散佈過分簡化的「假消息」，也傷害了進步的理念和制度。

然而悲觀並不是面對困境之道，假如社會主義者採取這種態度，就無法說服別人這派思想還有重要性可言。但是，假裝一片光明，對明顯的問題視而不見，也是誤導且適得其反。

看似矛盾的是，我認為要面對未來，就要以嚴肅真誠的歷史眼光回顧過去。歷史從來不會直線朝社會主義邁進，也從來沒有齊頭式的進步。第一次世界大戰前夕，第二國際各政黨都相信資本主義即將終結，但結果卻是幾百萬人死於戰爭，尤其是工人階級。一九一七年以後，布爾什維克革命讓全世界共產黨人相信，俄國的改變就是新世界的誕生，而社會民主派則認為能以和平合憲的手段來建立社會主義。但接下來又出現法西斯主義、史達林主義、另一場大戰和納粹種族屠殺。大多數社會主義者希望和相信能不斷往目標邁進，但現實永遠更複雜。

歷史也提醒我們別去相信曾有一段「黃金時代」的神話。社會主義現在確實面臨重大困境，但以浪漫的眼光緬懷過去不僅危險，也是錯誤的。從社會主義者的角度來看，認為過去比較好意味著社會主義本身曾經是比較好的。這等於是把過去那些根本上的不公不義看作只是一些汙點。這種想法推到極端，就表示史達林的死亡集中營和隨意處決不過是令人遺憾的過度行為，而不是滔天大罪。其他比較不令人強烈反感的說法也有同樣的問題。例如，由於維持充分就業和有效的社會安全體系，一九五〇和一九六〇年代的社會民主顯然比兩次大戰期間更有成果。但若光是頌揚其「成功」，則是忽略了其在理論和實踐上普遍有性別歧視、種族歧視和以歐洲為中心的缺點。在這些面向，社會主義已有所改進，所以應該用歷史的眼光看待過去，既看到進步，也承認問題。

另一種同樣錯誤的態度是把理念過於簡化。這種態度不接受有多樣性的方法和理論，也不自我批判的思考，而是把理念當成教條，狂熱地認定只有一種方法可以戰勝一切阻礙。許多馬克思主義派別都持這種觀點，認定所有建立社會主義的嘗試都是「背叛」，唯有採取「正確」路線才有光明的未來。這種觀點自布爾什維克革命以來就有了，但結果只是疏離、而非吸引更多人接受社會主義。還有些人認為，在新舊各派社會主義中，一定有一派是有「答案」的。我同意包括馬克思主義在內的各種社會主義思想，都對社會主義的未來有所貢獻，但我懷疑有任何一派獨獨掌握了真理。社會主義無法自給自足，也無法解釋一切，而是包含許多互相關聯的價值、理論和實踐，正是這些東西界定了我們的世界觀，以及要改變世界的使命感。

解讀當前處境一定會有主觀成分，光看水晶球是沒用的，但趨勢一定是正反共存。社群媒體和網路讓有錢有權的人有更多宰制工具，但也讓國際上更意識到反對運動面臨的社會、經濟、政治的壓迫與不公不義。這種動員不管在國內和國際上都極為迅速有效。此外，儘管社會主義在一些國家明顯消退，但經常也冒出相反的趨勢——有時是在出人意料的地方。

在這一點上，美國的情況非常值得注意。二〇一六年，伯尼．桑德斯[2]差一點就成為民主黨的總統候選人，儘管他公開自稱是社會主義者。美國民主社會主義黨近年來呈現復興之勢，尤其是亞歷山卓．歐加修—寇蒂茲的崛起[3]。二〇一八年有一份民調顯示，年輕人支持社會主義——寬泛地來說是以平等為核心價值的信念——勝於資本主義。七十年來，這種現象在美國幾乎是無可想像的，因為社會主義向來被和蘇聯劃上等號。美國在川普總統任內急劇往右

2 伯尼．桑德斯（Bernie Sanders, 1941-），美國無黨派政治人物，以左派自由主義立場著稱，與民主黨友好，曾擔任佛蒙特州伯靈頓市市長（一九八一—八九年）和美國眾議院議員（一九九一—二〇〇七年），二〇〇六年首次當選佛蒙特州參議員，次年就任。收入不平等一直是他關切的政治問題之一，在二〇一六年和二〇二〇年的美國總統選舉中尋求民主黨提名失敗。

3 亞歷山卓．歐加修—寇蒂茲（Alexandria Ocasio-Cortez, 1989-）：美國紐約州眾議員。出生於紐約市，父母均為波多黎各裔，畢業於波士頓大學（經濟學與國際關係學位）。二〇一六年大選初選期間，擔任伯尼．桑德斯競選團隊志工。二〇一八年以「政治素人」之姿，成為美國眾議院史上最年輕的女性議員。任內推動綠色新政，以及《防止高利貸法案》等推動「公正社會」的法案。

傾，但也越加兩極化。

這種轉變證明了，改變經常是迅速且不可預期的。這涉及到政治動盪的問題，此乃這個時代的特點，導致不確定性和不安全感。這可以部分解釋為什麼會有倒向強人領導和右翼運動的趨勢，但時代的不斷變化也為未來提供希望。

新左派在一九五〇年代中誕生後，既豐富也解構了社會主義，近年來更是如此。一直有人擔心新的挑戰會讓社會主義陣營分裂瓦解。對於上個世紀下半葉的主流正統派來說，女性主義和綠色思潮都是威脅。但這種威脅感是不必要的，不論是工作、組織、權力和個人關係的「女性化」，還是綠色理念，現在都成為社會主義的一部分。我們對權力和組織的既成看法也將受到更大的挑戰。

近年來，我們過去對制度、結構和組織的看法不斷被打破。尤其是，我們習於認為權力一定是架構在制度之中，但我們越來越有必要承認，權力其實就在地方、區域、國家和跨國性的互動當中。問題是要在不斷變動的複雜現象中找出有效可行之道。

無疑地，這就需要為不同類型的決策（如同之前對歐盟的討論）找出適當的層級，也要認識到一切都不是穩定靜態的。例如，世界各地的都會中心都面臨緊縮政策的苦果，都各自以在地的力量來對抗。這種「新市政主義」[4]引發跨國性的學習分享。然而也必須認識到，許多有意義的社會主義行動都無法直接影響到傳統概念上的權力和宰制。沒有人會認為一個城市或地方社區有辦法改變國際性的政策，但它們可以是文化活動和發展社會主義意識的重要場域。這些加總起來會有很可觀的影響，特別是當這些經驗受到跨國性的分享。

與此密切相關的是，社會主義者不能再幻想他們的組織能一直維持下去。在整個二十世紀，社會主義者都致力建立一種與工會結盟的政黨形式，而這又導致出一種特定的官僚主義傳統。但現在的世界已大不相同了。政黨忠誠度普遍下降，對傳統社會主義綱領的認同感不再，更只有少數工人階級還在從事當年發韌出工會精神的那種工作型態。

4「新市政主義」（New Muncipalism）：是一新興的全球社會運動，旨在基於城市團結，以民主方式——建立在自我組織、自我決策和自我治理的基礎上，改變當地的國家和經濟，以對抗緊縮的都會主義和資本主義平台。

同時，一些最突出、最能引發大規模抗議和直接行動的議題，通常都是在政黨之外發展出來的，有時甚至反對任何形式的政黨。當然，這並不表示社會主義者不再需要政黨和工會，但確實需要與時俱進。這不是要拋棄根本原則，而是要不斷與各種社會運動接觸來往。環境的變動不居固然惱人，但也帶來機會。

那麼，社會主義的未來有什麼能讓人樂觀的呢？在過去悲觀主義瀰漫的時代，許多人認同義大利馬克思主義者葛蘭西的看法，他說正確的世界觀乃是「理智上要悲觀，意志上要樂觀」。但後來的社會主義思想家拉爾夫．米勒班（一九二四—一九九四）認為這句話是「非常糟糕的口號」。這句話的意思是，即使理性已經判定信仰根本不會成功，失敗終究難免，但社會主義者還是要「在絕望之下奮力為之」。但這是不能令人信服的，因為如果理智已經判定整個事業是「徒勞、無望、注定失敗」，那根本不會有人努力。然而，他也同樣拒斥另一種極端觀點，也就是「歷史的升降梯」必然會把左派載往「容易實現的社會主義的應許之地」。這確然是持平之論。

最後還有一點。本書主張社會主義不是單一的教條，我相信各流派思想都有其地位，即使這有折衷主義之嫌。例如，馬克思主義者經常想提出一套架構，既能為社會科學提供總體的理論解釋，又能提供行動的指南。然而，我們很有理由把馬克思理論拆解開來，將其元素與其他思想流派結合起來。

在批判資本主義、解釋資本主義的結構、動力和危機趨勢上，馬克思的著作依然無人能及，也為社會、政治和哲學思辯提出強有力的洞見。但在一些領域，例如關於社會主義民主的性質或道德準則，他的貢獻極微，甚至毫無用處。然而，儘管馬克思不該被奉為先知，同樣也不該忽略或輕視他的著作。只有純粹派的馬克思主義者和反馬克思主義者，才會拒絕把他的理論強處和其他思想流派的倫理觀及民主概念相結合。

這些流派的貢獻已包含在先前的討論中——例如，集權主義者和分權主義者對於社會主義該在哪個層級實踐有不同的看法，也在爭辯政黨或直接行動何者才能改變社會。把各流派都綜合在一起也許是不可能的，社會主義陣營一定會繼續存在衝突。例如，無政府主義者對國家、政黨和領袖的不信任就非常有價值。正如普魯東雄辯而挑釁地說：

被統治就是被觀察、被審查、被監視、被引導、被制裁、被管理、被標記、被灌輸、被教導、被控制、被評估、被檢查、被命令，而做這些事情的人既沒有權利、也沒有智慧、更沒有德性這樣做。這就是政府，這就是它的正義，這就是它的道德！

然而，改變也要靠人民的力量，要有務實的思想家針對問題提出答案。瑞典社會民主在鼎盛時期就是用這種方式。這是一種漸進主義的態度，他們力求腳踏實地，不相信任何大規模的改造計畫。

然而，在一個有許多根本問題——包括不平等和貧窮——難解的世界中，對未來保持想像力是很重要的。要記得，許多現在看來理所當然的進步都曾經被視為烏托邦。正如奧斯卡．王爾德所說：

一張沒有烏托邦的世界地圖不值一顧，因為它遺漏了一個人性永駐的國度。當人性停駐於斯，它便又眺望遠方，向著另一個更美好的國度揚帆啟程。進步就是烏托邦的實現。

## 第五章——社會主義的現況與未來

Kate Pickett and Richard G. Wilkinson, *The Spirit Level: Why Equality is Better for Everyone* (2nd edition, London: Penguin, 2010).

Thomas Piketty, *Capital in the Twenty-First Century* (Cambridge, Mass.: Harvard University Press, 2014).

Jeremy Gilbert, *Twenty-First Century Socialism* (Cambridge: Polity Press, 2019).

Nancy Fraser, 'What should Socialism Mean in the Twenty-First Century?' in Leo Panitch and Greg Albo (eds), *Socialist Register 2020* (London: Merlin, 2019).

G. A. Cohen, *Why Not Socialism?* (Princeton: Princeton University Press, 2009).

Hilary Wainwright, *A New Politics from the Left* (Cambridge: Polity, 2018).

Data Base for Minim—Municipal Observatory, <https://minim- municipalism.org/>.

and Antiracist Politics', The University of Chicago Legal Forum 1989, 1.
Cinzia Arruzza, Tithi Bhattacharya, and Nancy Fraser, *Feminism for the 99%: A Manifesto* (London and New York: Verso, 2019).
Kohei Saito, *Karl Marx's Ecosocialism: Capital, Nature and the Unfinished Critique of Political Economy* (New York: Monthly Review Press, 2017).
Naomi Klein, *This Changes Everything: Capitalism vs. The Climate* (London: Allen Lane, 2014).
Ann Pettifor, *The Case for the Green New Deal* (London and New York: Verso, 2019).
Tim Jackson, *Prosperity without Growth: Foundations for the Economy of Tomorrow* (Abingdon and Oxford: Routledge, 2nd edition, 2017).

第四章——超越支配教條

David R. Marples, *The Collapse of the Soviet Union, 1985–1991* (Abingdon and Oxford: Routledge, 2013).
Christopher Pierson, *Hard Choices: Social Democracy in the 21st Century* (Cambridge: Polity, 2001).
Stephanie L. Mudge, *Leftism Reinvented: Western Parties from Socialism to Neoliberalism* (Cambridge, Mass.: Harvard University Press, 2018).
Mike Gonzales, *The Ebb of the Pink Tide: The Decline of the Left in Latin America* (London: Pluto, 2018).
Roger Burbach, Michael Fox, and Federico Fuentes, *Latin American Turbulent Transitions: The Future of Twenty-First Century Socialism* (New York and London: Zed Books, 2013).
Steve Ellner (ed.), 'Pink-Tide Governments: Pragmatic and Populist Responses to Challenges from the Right', *Latin American Perspectives*, 46 (1) 2019.
Omar G. Encarnación, 'The Rise and Fall of the Latin American Left', *The Nation*, 9 May 2018.

Geoff Eley, *Forging Democracy: The History of the Left in Europe, 1850–2000* (New York: Oxford University Press, 2002).
Henry Milner, *Sweden: Social Democracy in Practice* (Oxford: Oxford University Press, 1990).
Jenny Andersson, *Between Growth and Security: Swedish Social Democracy from a Strong Society to a Third Way* (Manchester: Manchester University Press, 2006).
Dimitris Tsarouhas, *Social Democracy in Sweden: The Threat from a Globalised World* (London: I.B. Tauris, 2008).
Susan Eckstein, *Back From the Future: Cuba Under Castro* (London: Routledge, 2nd edition, 2003).
William LeoGrande (ed.), 'Cuba: Looking Toward the Future', *Social Research*, 84 (2) Special Issue, 2017.

### 第三章——新左派——充實與分裂

Martin Klimke and Joachim Scharloth, *1968 in Europe: A History of Protest and Activism, 1956–1977* (New York: Palgrave Macmillan, 2008).
Richard Vinen, *The Long '68* (London: Penguin Random House, 2018).
Ronald Fraser, *1968: A Student Generation in Revolt* (New York: Pantheon, 1988).
Tariq Ali, *Street-Fighting Years: An Autobiography of the Sixties* (London and New York: Verso, 2018)
Sheila Rowbotham, Lynne Segal, and Hilary Wainwright, *Beyond the Fragments* (London: Merlin Press, 3rd edition, 2013).
Donatella Della Porta (ed.), *The Global Justice Movement: Cross-National and Transnational Perspectives* (Abingdon and Oxford: Routledge, 2007).
Kimberle Crenshaw, 'Demarginalizing the Intersection of Race and Sex: A Black Feminist Critique of Antidiscrimination Doctrine, Feminist Theory

# 延伸閱讀


## 第一章——社會主義的流派

Barbara Goodwin and Keith Taylor, *The Politics of Utopia: A Study in Theory and Practice* (Oxford: Peter Lang, 2009).

Colin Ward, *Anarchism: A Very Short Introduction* (Oxford: Oxford University Press, 2004).

*Karl Marx: Selected Writings*, ed.David McLellan (Oxford: Oxford University Press, 2000).

Karl Marx and Frederick Engels, *Communist Manifesto, A Modern Edition, Introduction by Eric Hobsbawm* (London and New York: Verso, 2012).

Gareth Stedman Jones, *Karl Marx, Greatness and Illusion* (London: Penguin, 2017).

Donald Sassoon, *One Hundred Years of Socialism* (London: I.B. Tauris, revised edition, 2010).

James Joll, *The Second International 1889–1914* (London: Routledge Revival, 2013).

Sheila Fitzpatrick, *The Russian Revolution* (Oxford: Oxford University Press, 4th edition, 2017).

Tony Wright, *Socialisms: Old and New* (London: Routledge 1996).

Ralph Miliband, *Marxism and Politics* (London: Merlin Press, 2003).

## 第二章——古巴共產黨和瑞典社會民主

Ben Fowkes, *The Rise and Fall of Communism in Eastern Europe* (London: Palgrave Macmillan, 1995).

to Americans Today', Gallup, 4 October 2018, <https://news.gallup.com/opinion/polling-matters/243362/meaning-socialism-americans-today.aspx>, and 'Democrats More Positive About Socialism Than Capitalism', Gallup, 13 August 2018, <https://news.gallup.com/poll/240725/democrats-positive-socialism-capitalism.aspx>.

關於都市和緊縮政策，見 Jonathan Davies, *Governing in and Against Austerity: International Lessons from Eight Cities*, 2017, <https://papers.ssrn.com/sol3/papers.cfm?abstract_id=3023953>.

Ralph Miliband, 'The New Revisionism in Britain', *New Left Review* 1/150, April 1985, p. 26.

普魯東在《19世紀革命的普遍觀念》(1851) 中對國家的譴責，摘自 Joll 1964 (第一章所引書), pp.78–9.

Oscar Wilde, 'The Soul of Man under Socialism', 1891, Marxists Internet Archive, <https://www.marxists.org/reference/archive/wilde-oscar/ soul-man/>.

21. Statement from President Donald J. Trump Regarding the Resignation of Bolivian President Evo Morales, 11 November 2019, <https://www.white-house. gov/briefings-statements/statement-president-donald-j-trump-regarding-resignation-bolivian- president-evo-morales/>.

## 第五章——社會主義的現況與未來

Thomas Piketty, *Capital in the Twenty-First Century* (Cambridge, Mass.: Harvard University Press, 2014).

Facundo Alveredo et al. (eds), *World Inequality Report 2018* (Cambridge, Mass.: Harvard University Press/Belknap, 2018) <https://wir2018.wid.world/download.html>. 另一本討論全球不平等的重要著作是Branko Milanovic, *Global Inequality: A New Approach for the Age of Globalization* (Cambridge, Mass.: Harvard University Press/ Belknap, 2016)

全球財富極端不平等的數據來自 'Public Good or Private Wealth?', Oxfam Briefing Paper, 2019 <https://policy-practice.oxfam.org.uk/publications/public-good-or-private-wealth-universal-health-education-and-other-public-servi-620599>.

Kate Pickett and Richard G. Wilkinson, *The Spirit Level: Why Equality is Better for Everyone* (2nd edition, London: Penguin, 2010).

For survey evidence on attitudes towards social protection, see Gonthier 2017, cited in Chapter 4.

Zygmunt Bauman, *Socialism, The Active Utopia* (London: Allen and Unwin, 1976), p.53.

Karl Marx, *Critique of the Gotha Programme* (1875) in Lewis Feuer (ed.), *Marx and Engels, Basic Writings on Politics and Philosophy* (London: Fontana, 1969), p.160.

Alec Nove, *The Economics of Feasible Socialism* (London: Routledge, 1983).

關於美國對社會主義的態度，見Frank Newport, 'The Meaning of "Socialism"

關於原住民族的語言和教育政策，見 Cailin Campbell, 'Are Indigenous Peoples Better Off under Evo Morales? Towards Understanding the Effects of Decolonization Policy on Social Inclusion in Bolivia', Undergraduate Honors Thesis, University of San Francisco, 2018, <https://repository.usfca.edu/cgi/viewcontent.cgi?article= 1024&context=honors>.

關於貧窮率下降的數據，見 'Health in the Americas', Pan American Health Organization/World Health Organization, 2017, <https://www.paho.org/salud-en-las- americas-2017/?p=3974>.

關於立法機構社會組成變化的數據，見 Santiago Anria, 'Delegative Democracy Revisited: More Inclusion, Less Liberalism in Bolivia', *Journal of Democracy*, 27 (3), 2016, pp.103–4.

關於女性擁有土地的數據，見 Emily Achtenberg, 'Bolivia: The Unfinished Business of Land Reform', Nacla, 31 March 2013, <https://nacla.org/blog/2013/3/31/bolivia-unfinished-business-land-reform>.

2014年國會中女性比例的數據，見 'Women in National Parliaments' Inter-Parliamentary Union, 2019, <http://archive.ipu.org/wmn-e/classif.htm>; 關於「女性政治綱領」，見 International Institute for Democracy and Electoral Assistance, 'Bolivian Elections Result in More Women in Parliament', *Latin America and the Caribbean*, News, 27 October 2014, <https://www.idea.int/ news-media/news/bolivian-elections-result-more-women-parliament>; 對 MAS 女性政策的批判，見 'Gender and Politics in Bolivia: Violent Repercussions of the Political "Empowerment of Women"' Christian Aid, August 2017, <https://www.christianaid.org.uk/sites/default/files/2017-09/Bolivia-women-politics-violence-case- study-J29334-aug2017.pdf>.

摘自美洲國家組織選舉觀察團的新聞稿 Guillaume Long et al. 'What Happened in Bolivia's Vote Count? The Role of the OAS Electoral Observation Mission', CEPR, November 2019, <https://cepr.net/images/stories/reports/bolivia-elections-2019-11.pdf>.

Research, January 2015, <https://cepr.net/documents/greek-economy- 2015-01.pdf>.

葡萄牙預算赤字的統計數據來自 Sheri Berman and Maria Snegovaya, 'Populism and the Decline of Social Democracy', *Journal of Democracy* 30 (3) 2019, p.16.

委內瑞拉貧窮和不平等的統計數據來自 Mark Weisbrot, Rebecca Ray, and Luis Sandoval, 'The Chávez Administration at 10 Years: The Economy and Social Indicators', Center for Economic and Policy Research, 2009. <https://cepr.net/documents/publications/venezuela-2009-02.pdf>.

委內瑞拉對石油依賴的數據見 Mike Gonzales, *Hugo Chávez: Socialist for the Twenty-First Century* (London: Pluto Press, 2014), p.131.

委內瑞拉2016年的經濟數據，見 Christina Skinner, 'The Legacy of Hugo Chávez and a Failing Venezuela', Wharton University Public Policy, Issue Brief, 7 (7), February 2017, <https://publicpolicy.wharton.upenn.edu/live/news/ 1696-the-legacy-of-hugo-chavez-and-a-failing-venezuela>.

關於莫拉萊斯地區工會的參與性質，見 Mike Geddes, 'What Happens when Community Organisers Move into Government?', in Mae Shaw and Marjorie Mayo (eds), *Class, Inequality and Community Development* (Cambridge: Policy Press, 2016).

關於玻利維亞對礦業的依賴，見 Salvador Perez, 'Economic, Social and Political Dimensions of Bolivia under the Morales Administration (2006–2016) and Key Challenges Ahead', SCISER, 2016, <https://sciser.org/2016/12/02/economic-social-and-political-dimensions-of-bolivia-under-the-morales-administration-2006-2016-and-key-challenges-ahead/>.

原住民貧窮的數據來自 B. S. Gigler, *Poverty, Inequality and Human Development of Indigenous Peoples in Bolivia* (Washington DC: Georgetown University Center for Latin American Studies, 2009), pp. 7–8. <http://pdba. georgetown.edu/CLAS%20RESEARCH/Working%20Papers/ WP17.pdf>.

Allen Lane, 2014).

Sheila Rowbotham, Lynne Segal, and Hilary Wainwright, *Beyond the Fragments* (London: Merlin Press, 1979). (Rowbotham on 'creativity in diversity' is p.149.)

Sheila Rowbotham, *Beyond the Fragments* (London: Merlin Press, 3rd edition, 2013), pp. 24–5.

## 第四章——超越支配教條

Julia Lovell, *Maoism: A Global History* (London: Bodley Head, 2019).

Thomas Blanchet, Luas Chancel, and Amory Gethin, 'Forty Years of Inequality in Europe: Evidence from Distributional National Accounts', VOX CEPR Policy Portal, 22 April 2019 <https://voxeu.org/article/forty-years-inequality-europe>.

Ralf Dahrendorf, *Reflections on the Revolution in Europe* (New York: Times Books, 1990).

關於緊縮政策對社會民主政黨的影響，見 James F. Downes and Edward Chan, 'Explaining the Electoral Debacle of Social Democratic Parties in Europe', LSE blog, 2018 <https://blogs.lse.ac.uk/europpblog/2018/06/21/explaining-the-electoral-debacle-of-social-democratic-parties-in-europe/>.

關於福利國家的價值依然受到支持，見 Frédéric Gonthier, 'More State Intervention, More Equality, Changing Economic Attitudes in the European Union', in Pierre Bréchon and Frédéric Gonthier (eds), *European Values: Trends and Divides over Thirty Years* (Leiden: Brill, 2017).

關於GDP的衰退及 Podemos的崛起, 見 Luis Ramiro and Raul Gomez, 'Radical-Left Populism during the Great Recession: Podemos and its Competition with the Established Radical Left', *Political Studies*, 65 (1S), 2017.

希臘經濟的統計數據來自 Mark Weisbrot, Avid Rosnick, and Stephan Lefebvre, *The Greek Economy: Which Way Forward?* Center for Economic and Policy

IPCC 2018年特別報告 *Global Warming of 1.5 °C* <https://www.ipcc.ch/ sr15/>.

Michael Jacobs, *Green Social Democracy*, Fabian Society, 21 January 2013, <https://fabians.org.uk/green-social-democracy/> and 'Green Social Democracy can Rescue Capitalism from Itself', *New Statesman*, 19 January 2013, <https://www.newstatesman.com/politics/2013/01/green-social-democracy-can-rescue-capitalism-itself>.

Party of European Socialists, 'Fair Free Sustainable: The Progressive Europe We Want', 7–8 December 2018, <https://www.pes.eu/export/sites/ default/.galleries/Documents-gallery/Resolution_Enviroment_MR_NoCrops.pdf_2063069294.pdf>.

*A Green New Deal, Joined-Up Policies to Solve the Triple Crunch of the Credit Crisis, Climate Change and High Oil Prices*, New Economics Foundation, 2008, <https://neweconomics.org/2008/07/green-new-deal>.

Ann Pettifor, *The Case for the Green New Deal* (London and New York: Verso 2019)

H.Res.109—Recognizing the Duty of the Federal Government to Create a Green New Deal, 116th Congress (2019–2020) Introduced by Alexandria Ocasio-Cortez, 7 February 2019, <https://www.congress.gov/bill/ 116th-congress/house-resolution/109/text>.

Rudolf Bahro, *Socialism and Survival* (London: Heretic Books, 1982).

David Sandalow, *Guide to Chinese Climate Policy 2018*, Columbia/SIPA, Center on Global Energy Policy, 2018, https://energypolicy.columbia.edu/sites/ default/files/pictures/Guide%20to%20Chinese%20Climate%20Policy%207-27-18.pdf>（2018年二氧化碳排放量的增加，見<https://climateactiontracker.org/ countries/china/>.)

Kohei Saito, *Karl Marx's Ecosocialism: Capital, Nature and the Unfinished Critique of Political Economy* (New York: Monthly Review Press, 2017).

Naomi Klein, *This Changes Everything: Capitalism vs. The Climate* (London:

formation', *New York Times*, 9 January 2019. <https://www.nytimes.com/2019/01/05/opinion/sunday/cubas-next-transformation.html>.

## 第三章——新左派—— 充實與分裂

2011年占領運動的人數來自 *The Guardian*, 14 November 2011, <https://www.theguardian.com/news/datablog/2011/oct/17/occupy-protests-world-list-map.>.

對馬克思理論關於女性受壓迫來源的批判，見 Sheila Rowbotham, 'Dear Mr Marx: A Letter from a Socialist Feminist', in Leo Panitch and Colin Leys (eds), *Socialist Register 1998* (London: Merlin Press, 1998).

關於列寧對女性共產黨員討論性別問題的看法，見 Clara Zetkin, 'Lenin on the *Women's Question*', Marxists Internet Archive, <https://www.marxists.org/ archive/zetkin/1925/lenin/zetkin2.htm>.

東德托兒所和幼稚園的統計數字及黨對女性地位的說法，見 Geoff Eley, *Forging Democracy: The History of the Left in Europe, 1850–2000* (Oxford: Oxford University Press, 2002), p. 324.

關於女性在1968年時的角色，見 Eley, *Forging Democracy*, p. 366.

Chandra Talpade Mohanty, 'Under Western Eyes: Feminist Scholarship and Colonial Discourses', *Boundary* 2 12 (3) 1984.

Kimberle Crenshaw, 'Demarginalizing the Intersection of Race and Sex: A Black Feminist Critique of Antidiscrimination Doctrine, Feminist Theory and Antiracist Politics', *The University of Chicago Legal Forum 1989*, 1.

女性大遊行人數的估算，見 Kaveh Waddell, 'The Exhausting Work of Tallying America's Largest Protest', *The Atlantic*, 23 January 2017, <https://www.theatlantic.com/technology/archive/2017/01/womens-march-protest-count/514166/>.

Cinzia Arruzza, Tithi Bhattacharya, and Nancy Fraser, *Feminism for the 99%: A Manifesto* (London and New York: Verso, 2019).

'Identifying the Key Source of Deteriorating Educational Equity in Sweden between 1998 and 2014', *International Journal of Educational Research*, 93, 2019.

'Gender Equality Index 2017', 'Measuring Gender Equality in the European Union 2005–2015', European Institute for Gender Equality, 2017.

除非另外提及，關於古巴從1950年代到1993年的統計數字都來自Susan Eckstein, *Back from the Future: Cuba under Castro* (Princeton: Princeton University Press, 1994).

關於這次經濟危機的統計數字和分析，見Jorge Pérez-López, 'The Cuban Economic Crisis of the 1990s and the External Sector', *Association for the Study of the Cuban Economy*, 30 November 1998. <https://www.ascecuba.org/asce_ proceedings/the-cuban-economic-crisis-of-the-1990s-and-the-external- sector/>.

對勞爾經濟改革的分析，見Ricardo Torres Pérez, 'Updating the Cuban Economy: The First 10 Years', *Social Research*, 84 (2) Summer 2017.

關於官方承認2018年經濟成長率低落，見Richard Feinberg, 'Cuba's Economy after Raúl Castro: A Tale of Three Worlds', *Foreign Policy at Brookings*, February 2018. <https://www.brookings.edu/research/cubas-economy- after-raul-castro-a-tale-of-three-worlds/>.

觀光業者和拿國家工資者在收入上的巨大差距，見Katrin Hansing, 'Race and Inequality in the New Cuba', *Social Research*, 84 (2) Summer 2017, p. 335.

關於共產黨員人數的下降，見William M. LeoGrande, 'Updating Cuban Socialism', *Social Research*, 84 (2) Summer 2017, p. 374.

ECLAC (Economic Commission for Latin America and the Caribbean), Social Panorama of Latin America, 2016, <https://www.cepal.org/en/pressreleases/eclac-high-levels-inequality-latin-america-constitute-obstacle-sustainable-development>.

對此次公投諮商過程的分析，見Jon Lee Anderson, 'Cuba's Next Trans-

lenin/works/1917/staterev/>.

Rosa Luxemburg, 'Organizational Questions of the Russian Social Democracy' (1904), <https://www.marxists.org/archive/luxem-burg/1904/questions -rsd/ch01.htm>.

Leon Trotsky, *Our Political Tasks* (1904), <https://www.marxists.org/archive/trotsky/1904/tasks/>.

## 第二章——古巴共產黨和瑞典社會民主

佩爾・漢森論「人民之家」，引自 Tim Tilton, *The Political Theory of Swedish Social Democracy: Through Welfare State to Socialism* (Oxford: Clarendon Press, 1991), p.259.

女性勞動參與率的統計見 Jacob Mincer,'Intercountry Comparisons of Labour Force Trends and of Related Developments: An Overview', *Journal of Labor Economics*, 1985, 3 (1), p.52.

瑞典社會民主的五大主軸見 Tilton, pp.257–69.

瑞典社會支出的統計數字來自 Francis Castles, 'The Growth of the Post-war Public Expenditure State: Long-Term Trajectories and Recent Trends', Tran-State working papers, No. 35 Univ., *Sonderforschungsbereich* 597. 2006, pp. 15–19.

關於瑞典的稅率，見 Mikael Stenkula, 'Swedish Taxation in a 150 Year Perspective', *Nordic Tax Journal*, 2014.

Henry Milner, *Sweden: Social Democracy in Practice* (Oxford: Oxford University Press, 1990), pp.54–84.

藍領工作減少和SAP 地位下降的數字，見 Monika Arvidsson, 'Changes to the "Swedish Model": Trade Unions under Pressure', *Friedrich Ebert Stiftung*, August 2014; 以及 Göran Therborn, 'Twilight of Swedish Social Democracy', *New Left Review*, 111, 2018.

關於教育不平等的提高，見 Kajsa Yang Hansen and Jan-Eric Gustafsson,

# 參考資料

## 第一章——社會主義的流派

《倫敦互助者雜誌》對社會主義的定義摘自G. Lichtheim, *A Short History of Socialism* (London: Fontana, 1975), p.45.

歐文對新拉納克的描述可見其*A New View of Society*, Second Essay (1816), 重刊於Marxists Internet Archive, <https://www.marxists.org/reference/subject/ economics/owen/ch02.htm>

歐文對訓練的看法可見*A New View of Society*, Fourth Essay (1816), <https://www.marxists.org/reference/ subject/economics/owen/ch04.htm>

引自普魯東的《何謂財產？》，見J. Joll, *The Anarchists* (London: Eyre and Spottiswoode, 1964), p. 71.

巴枯寧對義大利工人的看法見其*Œuvres*, vol. V, 摘自Joll 1964, p.92.

巴枯寧在1868年的和平自由聯盟大會上譴責共產主義，摘自Joll 1964, p. 107.

無政主義者1871年在瑞士的發言，摘自Joll 1964, p.105.

Preface of *A Contribution to the Critique of Political Economy* in David McLellan, *Karl Marx: Selected Writings* (Oxford: Oxford University Press, 1977), pp. 388–91.

*The Communist Manifesto*, McLellan, *Karl Marx* 1977, pp. 222–47.

Donald Sassoon, *One Hundred Years of Socialism* (London: Taurus, 1996)

Lenin, *What is to Be Done? Burning Questions of our Movement* (1902), Marxists Internet Archive <https://www.marxists.org/archive/lenin/works/ 1901/witbd/index.htm>

Lenin, *The State and Revolution* (1917), <https://www.marxists.org/archive/

雷根總統 Ronald Reagan
漢森，佩爾・阿爾賓 Per Albin Hansson
綠色新政 Green New Deal
綠黨 Green Party
維也納國際 Vienna International
維吾爾人 Uighurs
赫魯雪夫，尼基塔 Nikita Khrushchev
齊普拉斯，阿萊克西斯 Alexis Tsipras
德國社會民主黨 German Social Democratic Party
憤怒者運動（西班牙）los indignados, Outraged
摩爾，湯瑪斯 Thomas More
歐文，勞勃 Robert Owen
歐加修—寇蒂茲，亞歷山卓 Alexandria Ocasio-Cortez
歐共主義 Eurocommunism
歐洲社會黨 Party of European Socialists
潘蒂，約瑟夫 Arthur Joseph Penty
蔡特金，克拉拉 Clara Zetkin
豬玀灣事件 Bay of Pigs invasion
整合性民主 integrative democracy
激進左翼聯盟（希臘）Coalition of the Radical Left (Syriza)
盧森堡，羅莎 Rosa Luxemburg
穆巴拉克，胡斯尼 Hosni Mubarak
諾夫，亞歷克 Alec Nove
霍爾，斯圖亞特 Stuart Hall
鮑曼，齊格蒙 Zygmunt Bauman
邁德納，魯道夫 Rudolf Meidner
齋藤幸平 Kohei Saito
薩森，唐諾 Donald Sassoon
藍詩玲 Julia Lovell
羅博特姆，席拉 Sheila Rowbotham
小羅斯福總統 Franklin Delano Roosevelt
蘇共中央委員會書記處婦女部 Zhenotdel
蘇維埃公共福利委員 Commissar of Social Welfare

馬克思，卡爾 Karl Marx
馬杜羅，尼古拉斯 Nicolás Maduro
馬庫色，赫伯特 Herbert Marcuse
馬基，愛德華 Edward Markey
基西納，克里斯蒂娜 Cristina Kirchner
基督教民主聯盟（德國）Christlich Demokratische Union Deutschlands (CDU)
強森，鮑里斯 Boris Johnson
異化 alienation
莫汗悌，錢德拉 Chandra Talpade Mohanty
莫里森，赫伯特 Herbert Morrison
莫拉萊斯，埃沃 Evo Morales
麥士蒂索人 Mestizo
麥克唐納，拉姆齊 Ramsay MacDonald
傅立葉，夏爾 Charles Fourier
凱因斯，約翰 John Maynard Keynes
剩餘價值 surplus value
提爾頓，提姆 Tim Tilton
普魯東，皮耶—約瑟夫 Pierre-Joseph Proudhon
普羅大眾（無產階級）Proletariat
無政府—工團主義 anarcho-syndicalist
童貝里，格蕾塔 Greta Thunberg
雅各布斯，邁克爾 Michael Jacobs
雅各賓黨 Jacobins
奧格尼人 Ogoni
新市政主義 New Muncipalism
新民主黨（希臘）New Democracy
新拉納克（蘇格蘭）New Lanark
新哈莫尼（美國印第安那州）New Harmony
新政 New Deal
溫萊特，希拉里 Hilary Wainwrigh
瑞典工會聯合會 Landsorganisationen, LO
瑞典民主黨 Sweden Democrats, Sverigedemokraterna, SD
瑞典社會民主工人黨 Swedish Social Democratic Party, SAP
瑞典雇主總會 Svenska Arbetsgvarforeningen, SAF
經濟互助委員會 Comecon
經濟顧問委員會 Economic Advisoty Committee
聖西門，亨利・德 Henri de Saint-Simon
聖拉扎爾（巴黎）Saint-Lazare
聖塔克魯茲（玻利維亞）Santa Cruz
葛蘭西 ，安東尼奧 Antonio Gramsci
跨政府氣候變化委員會 Intergovernmental Panel on Climate Change
達倫道夫，拉爾夫 Ralf Dahrendorf
雷恩，戈斯塔 Gösta Rehn

法國共產黨 French Communist Party
法國社會黨 French Socialist Party
法蘭克福學派 Frankfurt School
泛希臘社會主義運動 Panhellenic Socialist Movement (PASOK)
波娃，西蒙 Simone de Beauvoir
波索納洛，雅伊爾 Jair Messias Bolsonaro
社會主義工人國際 Labour and Socialist International
社會主義黨（葡萄牙）Socialist Party
社會研究所 Institute for Social Research
阿拉伯之春 Arab Spring
俄國社會民主工黨 Russian Social-Democratic Labour Party
保衛革命委員會 Committees for the Defence of the Revolution (CDR)
契卡 Cheka
威格佛斯，恩斯特 Ernst Wigforss
威斯伐倫，燕妮・馮 Jenny von Wesphalen
威廉姆斯，雷蒙 Raymond Williams
威爾金森，理查德 Richard Wilkinson
查維茲，烏戈 Hugo Chávez
柯利亞，拉斐爾 Rafael Correa
柯倫泰，亞歷山德拉 Alexandra Kollontai
柯賓，傑瑞米 Jeremy Corbyn
洛薩達，桑切斯 Sánchez Lozada
玻利維亞共和國 Republic of Bolivia
玻利維亞多民族國 Plurinational State of Bolivia
科恰班巴（玻利維亞）Cochabamba
美好生活 vivir bien, living well
美國民主社會主義者 Democratic Socialists of America
英國工黨 British Labour Party
英國內戰 English Civil War
英國脫歐 Brexit
英國獨立黨 UK Independence Party, UKIP
迪亞斯－卡內爾，米格爾 Miguel Díaz-Canel
倫敦互助社 London Co-operative Society
埃爾富特（德國中部城市）Erfurt
恩格斯，弗列得里希 Friedrich Engels
柴契爾夫人 Margaret Thatcher
核武裁軍運動 Campaign for Nuclear Disarmament
格瓦拉，切 E. “Che” Guevara
桑德斯，伯尼 Bernie Sanders
租屋者運動 tenant
粉紅浪潮 Pink Tide

布爾喬亞（資產階級）Bourgeoisie
布魯姆，里昂 Léon Blum
布蘭廷，亞爾馬 Hjalmar Branting
打擊婦女犯罪國際法庭 International Tribunal of Crimes against Women (ITCW)
瓜拉尼人 Guarani
皮克特，凱特 Kate Pickett
皮凱提，托瑪 Thomas Piketty
立憲會議（俄國）Constituent Assembly
交織性 intersectionality
伊西博羅原住民保護地國家公園 Isiboro Sécure National Park and Indigenous Territory
伊努特人 Inuit
伊格萊西亞斯，巴布羅 Pablo Iglesias
共產主義者同盟 Communist League
共產主義婦女國際 Communist International Women's Secretariat
共產國際 Communist International／Comintern
列寧，伏拉迪米爾 Vladimir Lenin
存在理由 raison d'etre
托洛茨基，列夫 Lev Trotsky
米切爾，茱莉葉 Juliet Mitchell
米列，凱特 Kate Millet
米勒班，艾德 Ed Miliband
米勒班，拉爾夫 Ralph Miliband
米爾納，亨利 Henry Milner
米爾達，艾娃 Alva Myrdal
米爾達，岡納 Gunner Myrdal
考茨基，卡爾 Karl Kautsky
艾利，傑夫 Geoff Eley
艾馬拉人 Aymara
西格爾，琳恩 Lynne Segal
西班牙社會主義工人黨 Spanish Socialist Workers Party, PSOE
佛洛伊德，西格蒙德 Sigmund Freud
克倫蕭，金伯利 Kimberle Crenshaw
克萊恩，娜歐米 Naomi Klein
我們能夠黨（西班牙）We Can (Podemos)
狄托，約瑟普 Josip Broz Tito
走向社會主義運動 Movement for Socialism (MAS)
車諾比 Chernobyl
里約地球高峰會 Rio Earth Summit
佩蒂福，安 Ann Pettifor
奇楚亞人 Quechua
委內瑞拉石油公司 Petroleos de Venezuela, PDVSA
彼得格勒（聖彼得堡）Petrograd/ St. Petersburg
拉丁美洲和加勒比經濟委員會 Economic Commission for Latin America and Caribbean
拉巴斯（玻利維亞）La Paz

# 名詞對照表

〈女性：最長的革命〉Women: The Longest Revolution

〈生存的藍圖〉Blueprint for Survival

〈在西方視角下：女性主義學術與殖民論述〉Under Western Eyes: Feminist Scholarship and Colonial Discourses

《2018世界不平等報告》*World Inequality Report 2018*

《一個日內瓦居民給當代人的信》*Letter from an Inhabitant of Geneva*

《二十一世紀資本論》*Capital in the Twenty-First Century*

《巴黎協議》*Paris Accord*

《可行的社會主義經濟學》*The Economics of Feasible Socialism*

《伊加利亞旅行記》*The Voyage to Icaria*

《共產黨宣言》*Communist Manifesto*

《成長的極限》*Limits to Growth*

《何謂財產？》*What is Property?*

《京都協議》*Kyoto Protocol*

《性別政治》*Sexual Politics*

《政治經濟學批判》*A Critique of Political Economy*

《倫敦互助者雜誌》*London Co-operative Magazine*

《哥達綱領批判》*Critique of the Gotha Programme*

《家庭、私有制和國家的起源》*The Origin of the Family, Private Property and the State*

《烏托邦》*Utopia*

《國家與革命》*The State and Revolution*

《寂靜的春天》*Silent Spring*

《第二性》*The Second Sex*

《貧困的哲學》*The Philosophy of Poverty*

《單向度的人》*One-Dimensional Man*

《超越分裂》*Beyong the Fragments*

《愛欲與文明》*Eros and Civilization*

《新左派評論》*New Left Review*

《新社會觀》*New View of Society*

《精神層面》*The Spirit Level*

《聯合國氣候變遷綱要公約》*United Nations Framework on Climate Change*, UNFCC

《屬於99%人群的女性主義：一份宣言》*Feminism for the 99 percent: A*

左岸政治 339

# 社會主義：牛津非常短講 002

## Socialism: A Very Short Introduction

作　　者　麥可．紐曼（Michael Newman）
譯　　者　梁文傑
總 編 輯　黃秀如
策畫主編　劉佳奇
行銷企劃　蔡竣宇
封面設計　黃暐鵬
內文排版　張瑜卿

社　　長　郭重興
發行人暨出版總監　曾大福
出　　版　左岸文化／遠足文化事業股份有限公司
發　　行　遠足文化事業股份有限公司
231新北市新店區民權路108-2號9樓
電　　話　02-2218-1417
傳　　真　02-2218-8057
客服專線　0800-221-029
E-Mail　rivegauche2002@gmail.com
左岸臉書　facebook.com/RiveGauchePublishingHouse
法律顧問　華洋法律事務所　蘇文生律師

印　　刷　呈靖彩藝有限公司
初版一刷　2022年6月
定　　價　360元

ISBN　978-626-96063-1-3（平裝）
978-626-96094-8-2（EPUB）
978-626-96094-7-5（PDF）

歡迎團體訂購，另有優惠，請洽業務部，02-22181417分機1124、1135


國家圖書館出版品預行編目（CIP）資料

自由主義：牛津非常短講002／麥可．紐曼（Michael Newman）著／梁文傑 譯
——初版——新北市：左岸文化出版：遠足文化事業股份有限公司發行，2022.06
——面；公分——（左岸政治；339）
譯自：Socialism: A Very Short Introduction
ISBN 978-626-96063-1-3（平裝）
1.CST：社會主義
549.2　　111006288